BLAISE

BLAISE

(HAUTE-MARNE)

PAR UN DE SES ENFANTS

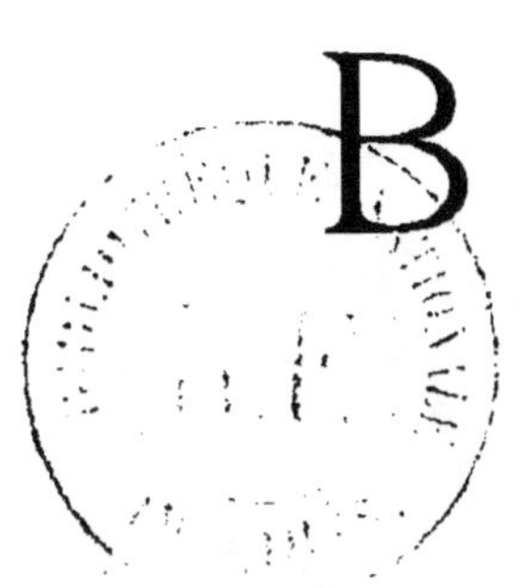

CHAUMONT

IMPRIMERIE ET LITHOGRAPHIE DE VEUVE MIOT-DADANT

—

1883

INTRODUCTION

J'ai réuni dans cette Notice tout ce que j'ai pu apprendre de l'histoire de mon pays, en feuilletant dans les écrits authentiques, en écoutant causer les vieillards dignes de foi, et en consultant ma propre mémoire. Je n'oserais livrer mon très humble travail au public ; je me borne à le glisser seulement dans quelques mains amies, sans autre prétention que de procurer quelques renseignements utiles et récréatifs à mes concitoyens de Blaise et à tous ceux des pays voisins, qui m'ont témoigné, en tant d'occasions de ma vie, leur estime et leur confianee.

J.-B. LEMOINE

à Blaise.

Origine de Blaise.

Le village de Blaise doit exister depuis bien longtemps, car on trouve sur son territoire les choses les plus nécessaires pour y vivre : d'abord des sources d'eaux vives, des prairies, un cours d'eau, une plaine fertile, des côteaux à l'aspect du midi, propres à toutes les cultures, notamment de la vigne, et de plus le voisinage d'une forêt considérable, tous ces avantages certainement ont été appréciés par les premiers individus qui se sont fixés sur son territoire. D'après des fondations retrouvées, dont les bâtiments ont été incendiés, le noyau du village paraît s'être formé près des fontaines, afin d'en jouir facilement, et assez loin pour n'être pas endommagé par les débordements des grandes eaux. C'est une preuve du bon goût des fondateurs du pays.

Dans les vieilles chartes, ce village est appelé Blena, Blesia, Blesiacusvicus. On l'appela depuis Blaise-le-Châtel, à cause du château considérable qui y a existé. Il a donné son nom à la rivière qui y prend sa source. Le cours d'eau qui est en amont tarit six mois de l'année, les eaux du Blésy se perdent entre Lachapelle et Lamothe. La fontaine Madame, principale source de la Blaise, et qui est au milieu du territoire, tire ses eaux de la forêt de l'Étoile, du Val-Lagorge, où il y a un puits au fond duquel on entend couler l'eau en tout temps ; il déborde dans les grandes pluies. Pendant l'été, quand il se fait un gros orage sur ces contrées, alors même qu'il ne pleut point à Blaise, la fontaine Madame devient trouble et grandit.

Les fontaines de Blaise seules font mouvoir un moulin et une scierie en tout temps. C'est le commencement de la rivière qui arrose la riche et populeuse vallée de la Blaise ; elle y met en marche un nombre considérable d'usines, moulins, fourneaux, forges, etc. Elle produit d'excellent poisson, de la truite, du brochet, des écrevisses et des vérons en abondance. Elle se jette dans la Marne à Arrigny, après un parcours de 60 kilomètres.

Au XIIe siècle, Blaise appartenait au seigneur de Vignory, qui, en 1216, promit à la comtesse de Champagne de lui ouvrir, sur sa demande, à grande et à petite force, la forteresse qu'il a faite à Blaise. Il appartint ensuite à la famille d'Aulnoy, et en 1407, lors du partage de la succession de Simonne de Nogent, veuve de Hutin d'Aulnoy, il échut à la maison de Baudricourt. Robert, duc de Bar et gouverneur de Pont-à-Mousson, commença la puissance de cette famille en Champagne, en épousant à Chaumont Marguerite d'Aulnoy, dame de Blaise, dont le beau-père Guillaume de Poitiers et le père Jean d'Aulnoy furent successivement baillis. De ce mariage naquit Robert de Baudricourt, seigneur de Blaise, qui, étant gouverneur de Vaucouleurs, au baillage de Chaumont, en 1420, reçut les premières confidences de Jeanne d'Arc. On sait qu'après avoir traité la sainte fille de visionnaire, il consentit enfin à l'envoyer au roi en 1429, sous la conduite de deux gentilshommes, Jean de Metz et Bernard de Poulangy. Robert secourut Châteauvillain, attaqué par Vergi en 1433, et quatre ans après, il fut nommé bailli de Chaumont, charge qu'il remplit dans des conditions difficiles pendant vingt ans. Il mourut en 1455, laissant de Xalarde de Chamblay, sa femme : 1° Jean qui suit ; 2° Robert, doyen de la Sainte-Chapelle de Dijon ; 3° Marguerite, femme de Geoffroi de Saint-Blin ; 4° Alixe, mariée à Jean de Bassompierre ; 5° Jacquette, qui épousa Thiery de Lénoncourt et qui fut mère du célèbre archevêque de ce nom. Robert avait encore un bâtard, Liébaut, vaillant homme d'armes, qui défendit Bar-le-Duc en 1479.

Donnons quelques détails sur Jeanne d'Arc. Il est toujours

agréable de parler de ceux qui ont aimé et glorifié la France, surtout quand ils sont du pays. Jeanne fut pour ainsi dire notre concitoyenne, puisque son village et Blaise étaient administrés par le même magistrat, le bailli de Chaumont, seigneur et habitant de Blaise.

Jeanne naquit à Domremy, petite commune sur les confins de la Champagne et de la Lorraine, près de Vaucouleurs. Fille d'un simple cultivateur, elle s'occupait comme ses parents des travaux des champs et du soin des bestiaux ; elle avait grandi au milieu des combats qui se livraient chaque jour dans ce malheureux pays ; surtout elle avait vu ses frères revenir tout sanglants de quelques engagements contre un parti anglais, ou les habitants d'un village voisin fuir devant le pillage et l'incendie, et elle avait puisé dans ce spectacle une ardente pitié pour le royaume de France. Simple de cœur, d'un caractère très doux, mais d'une imagination fort vive, elle avait une foi sincère qui s'alliait parfaitement avec son amour ardent pour la patrie et sa haine pour l'étranger. Dès l'âge de 14 ans, elle avait eu plus d'une fois des visions célestes. C'étaient, selon son imagination, sainte Catherine, sainte Marguerite et saint Michel qui lui étaient apparus et lui ordonnaient d'aller délivrer Orléans, qui était assiégé par les Anglais, et de conduire le dauphin Charles VII à Reims pour y être sacré. A l'insu de sa famille et malgré les difficultés de l'entreprise, elle se présenta devant le sire de Baudricourt, commandant à Vaucouleurs, et elle obtint d'être envoyée au roi, qui tenait sa cour à Chinon. Elle annonça à Charles et elle lui prouva qu'elle était envoyée de Dieu pour le sauver, et elle se fit confier le commandement de l'armée, qu'elle avait enflammée de son enthousiasme. On la vit rompre les rangs des Anglais, faire entrer les vivres dans Orléans, et y entrer elle-même, après un combat sanglant dans lequel elle fut blessée, disperser les assiégeants, les vaincre de nouveau près de Patay et s'emparer de Beaugency. Le siège d'Orléans avait duré sept mois, du 14 octobre 1428 au 8 mai 1429, et dix jours avaient suffi à Jeanne pour remplir cette délivrance miraculeuse, qui lui a valu le surnom de Pucelle d'Orléans. Le dimanche 8 mai, au moment où les Anglais abandonnaient toutes leurs positions au midi de la Loire, elle faisait dresser un autel dans la plaine, où l'on y chanta, en leur présence, une messe d'actions de grâces. Ce jour est resté une fête pour Orléans ; on le célèbre par une procession solennelle du clergé de toutes les paroisses, à laquelle assistent toutes les autorités de la ville, les troupes de la garnison et une foule considérable.

Il fallait profiter de l'effroi des Anglais pour marcher sur Reims. Les ennemis avaient commis la faute de ne pas faire sacrer Henry II ; il s'agissait de les devancer pour cette cérémonie, afin que le peuple crut que l'oint du Seigneur était le roi légitime de la France. Quoique la route qui sépare Orléans de Reims soit occupée par de nombreux ennemis, Jeanne se mit en route avec l'armée française, et partout elle fut victorieuse.

Jeanne avait délivré Orléans le 8 mai 1429, le sacre du roi eut lieu le 17 juillet. Elle assista à la cérémonie avec son étendard déployé ; il avait été à la peine, disait-elle, il était bien juste qu'il fût à l'honneur. Cette cérémonie terminée, Jeanne voulait s'en retourner dans son pays, disant que sa mission était remplie, qu'elle n'avait jamais eu des inspirations que pour la délivrance d'Orléans et le sacre du roi ; mais les généraux et l'armée tout entière voulurent la retenir jusqu'après l'expulsion complète des Anglais hors du royaume. Elle se laissa gagner, mais rien ne lui réussit plus ; elle fut blessée et renversée de cheval dans les fossés devant Paris ; elle fut prise près de Compiègne, le 24 juin 1430, et livrée aux Anglais, qui l'enfermèrent à Rouen et lui firent son procès comme sorcière et hérétique, afin de faire passer toutes ses victoires comme l'œuvre du diable, et qu'il ne soit pas dit qu'ils avaient été vaincus par une armée commandée par une femme. On la somma de ne plus s'habiller en homme et de ne plus faire la guerre. Elle avait monté à cheval portant le casque et la cuirasse ; elle avait une épée au côté, mais elle n'en frappait point ; elle tenait son étendard déployé et marchait en avant avec les troupes. Elle signa d'une croix, et comme elle ne savait pas lire, il se trouva qu'elle avait reconnu qu'elle était sorcière, idolâtre et invocatrice des démons, ce qui la fit condamner à être brûlée vive. La sentence fut exécutée sur la place du Vieux-Marché, à Rouen, le 30 mai 1431.

On voit encore aujourd'hui la maison des parents de Jeanne, conservée dans la même forme qu'elle était dans leur existence. Elle appartient à l'Etat. Une statue équestre de l'héroïne est érigée en sa mémoire dans son pays natal, sur la place d'Orléans et aussi à Rouen, dans l'endroit même où elle a subi le martyre. Son dernier mot fut le nom de Jésus, qu'elle prononça en levant les yeux au ciel.

Revenons à notre histoire locale.

Jean de Baudricourt, fils aîné de Robert, protecteur de Jeanne d'Arc, seigneur de Blaise, puis de Vignory, Sexfontaines, Lafauche, Choiseul, etc., porta d'abord les armes contre le roi pendant la guerre du bien public ; mais Louis XI le détourna bientôt du parti des rebelles et le fit successivement chevalier de l'ordre de Saint-Michel, capitaine de cinquante hommes d'armes (1469), puis ensuite lieutenant général à Arras, gouverneur du duché de Bourgogne (1481), et commandant de Besançon (1482). En 1483, Louis XI l'envoya en Provence, d'où il le fit passer en Italie, afin d'y chercher saint François de Paule pour le guérir. Il amena saint François à Blaise ; ils choisirent ensemble le lieu où est bâti Bracancourt. Sous Charles VIII, Jean de Baudricourt fut élevé à la dignité de maréchal de France (1486). Deux ans après, il se distinguait à la bataille de Saint-Aubin-du-Cormier. Il fit partie de l'expédition de Naples. Au retour de cette expédition, il se retira à Blaise, dont il avait fait reconstruire le château. Jean de Baudricourt mourut à Blois le 11 mai 1499. Il avait épousé Anne de Beaujeu, dame de Brécy, déjà veuve de Philippe de Oulant. Cette dame mourut à Chaumont le 4 février 1501 ; elle fut inhumée en l'église de Bracancourt. Jean n'avait point de postérité, il laissa son héritage à ses sœurs Marguerite et Jaquette, c'est-à-dire aux familles de Saint-Blin et de Lénoncourt. Le maréchal fut donc le dernier seigneur du nom de Baudricourt ; mais son nom glorieux fut relevé au XVIIIe siècle par le duc Léopold, qui par lettre du roi, le 18 novembre 1717, érigea la baronnie de Saint-Menge en marquisat de Baudricourt, en faveur de Jean-Claude, marquis de Bassompierre. Cette branche de la famille était restée toute Lorraine. Robert et Jean de Baudricourt portaient d'argent et à la croix de gueule.

Jean d'Amboise, marié à Catherine de Saint-Blin, des deux maisons de Saint-Blin et de Baudricourt, habita successivement Blaise et Reynel. C'est dans ces deux châteaux que sont nés ses enfants. Il fut nommé bailli de Chaumont après la mort de Jean de Baudricourt. Jean d'Amboise mourut en 1520 ; il fut inhumé dans l'église de Vignory ; on y voit toujours sa pierre tombale avec inscription.

En 1539, Françoise, fille de Jacques II d'Amboise, épousait Charles de Croi, descendant des rois de Hongrie. Il devint baron de Blaise et il mourut en 1558, et deux ans après, en octobre, on signait le mariage de son fils unique Antoine de Croi avec Catherine de Clèves, âgée de douze ans. C'est en l'honneur de ce mariage que le roi érigea Château-Porcien en principauté et Reynel en marquisat. Son fiancé aussitôt, à l'exemple de sa mère, se fit bientôt Calviniste. Catherine changea aussi de religion et se montra comme lui ardente à la défense des nouvelles doctrines. C'est elle qui de son château de Blaise, présida au saccagement de Bracancourt ; elle mutila elle-même les images des saints, dans la chapelle des Révérends Pères, et elle afficha jusqu'à la mort de son mari un zèle fanatique. Antoine de Croi mourut en 1567, âgé de 25 ans. Voici ce qu'en rapporte le Mémoire de l'Étoile :

« Antoine de Croi mourut à Paris le 17 mars 1567, deux ans après sa mère, d'une fièvre chaude causée par la colère, mêlée d'excès, qui fut qu'ayant joué à la paume toute la journée, il fut malade le soir aux Tuileries, et le roi le tint deux heures découvert à la lune et au serein, lui tint de rudes propos, jusqu'à le menacer de la perte de sa tête, pour Clinchant, place frontière, que l'on avait donné à entendre qu'il fortifiait; car étant revenu en sa maison, de dépit, comme il avait le cœur merveilleusement grand, envoya quérir du vin, et étant en chaleur, en but trois quartes et mangea trois platées d'amendes vertes et s'en alla coucher là-dessus, qui fut le poison qu'on a dit lui avoir baillé. »

Sa veuve, quoique il lui eût défendu, se remaria avec le duc de Guise, et elle montra alors autant de zèle pour la Ligue qu'elle avait montré d'ardeur pour le Calvinisme. Elle était sœur de la duchesse de Nevers et de la princesse de Condé, et ces trois femmes, par leurs galanteries, étaient surnommées les trois Grâces. Catherine avait eu pour amant Saint-Mégrin, que Guise avait fait assassiner. Henri IV eut pour elle une tendre vanité. Elle mourut en 1633.

Antoine de Clermont d'Amboise, le fils du premier lit, fut tué en 1572, par son cousin de Bussy, lors du massacre de la Saint-Barthélemy. De Jeanne de Longuejoue il avait eu un fils, Louis Ier de Clermont d'Amboise, marquis de Reynel et de Blaise, bailli de Chaumont en 1596, qui fut tué en combattant près d'Arcis-sur-Aube, en 1615. Louis II, fils de Louis Ier et d'Anne Lallement, hérita de tous les domaines de son père et de toutes ses dignités. Il devint maréchal de camp, épousa Jeanne de Pontallier, qui mourut à Blaise le 24 septembre 1670. Madame la marquise de Reynel rendit son âme à Dieu, et son corps est inhumé en l'église de Bracancourt. (Registres de l'état civil de Blaise.) Louis II mourut aussi à Blaise. Voici son acte de décès et d'inhumation :

« Monseigneur le marquis de Reynel, en son vivant bailli capitaine commandant de Chaumont, seigneur et baron de ce lieu de Blaise (qualifié de bon seigneur), a rendu sa bonne âme à Dieu, notre créateur, cejourd'hui quinzième du mois de febvrier mil sept cent septante-deux, à sept heures du matin, âgé de soixante-huit ans. Requiescat in pace, amen. »

Ce bon seigneur avait vu périr glorieusement, l'épée à la main, trois de ses fils sur les champs de bataille. Bernard, l'aîné, fut tué au siège de Lamothe ; Cléricarde, né à Blaise et baptisé à deux heures du matin, dans la chapelle du château, et qui avait eu pour parrain le maréchal de l'Hospital, fut tué au siège de Valenciennes. Jean périt au siège de Chauni. Louis III survécut cinq ans à son père et fut tué d'un coup de canon au siège de Cambray. Voici l'extrait de son inhumation : « Monseigneur le marquis de Reynel fut tué d'un coup de canon, au service du roi, au siège de Cambrai, où il commandait, le jour des Rameaux 11 avril 1677, et son corps apporté à Bracancourt, où il est inhumé avec ses prédécesseurs, et au grand deuil de beaucoup de peuple. »

Le dernier fils de Louis II, le chevalier de Reynel, qui brillait alors à côté des plus grands capitaines, affligé sans doute de tant de pertes, se retira du monde et se renferma au couvent de Bracancourt, où il vécut pendant 23 ans dans la retraite et les exercices de la piété. Il y mourut en 1702. Louis III avait laissé deux fils ; le plus jeune est connu sous le nom de l'abbé de Reynel ; l'aîné, Louis IV, mourut de la petite vérole au siège de Liège en 1702 ; il laissa un fils posthume, Jean-Baptiste-Louis de Reynel, bailli de Chaumont ; il épousa la fille du fameux Bervik, bâtard de Jacques II, roi d'Angleterre. Il mourut le 18 septembre 1761. Son fils, Jean-Baptiste-Charles de Reynel, porta aussi le titre de bailli après la mort de son père ; mais en 1769, il épousa la fille du marquis de Moustier et quitta le pays. Il avait fait placer dans la chapelle du château de Blaise une statue en pierre de saint Jean-Baptiste, son patron ; elle a été rapportée à l'église de Blaise, où elle est encore avec un bras brisé par un accident. Il fut aussi le parrain de la grosse cloche de Blaise, qui fut prise à la révolution de 1792.

Le marquis Jean-Baptiste-Charles de Clermont d'Amboise fut le dernier de cette longue suite de nobles et puissants seigneurs de Blaise qui s'illustrèrent sur les champs de bataille et aussi par l'exercice de missions, de charges et de dignités qu'ils remplirent honorablement, notamment comme baillis de Chaumont, où ils furent successivement nommés de père en fils pendant plus de 450 ans. Comme tout n'est que passage dans ce monde, après tant d'honneurs et de gloire, cette noble famille disparut. Les d'Amboise portaient écartelé au premier et au quatrième d'azur à trois chevrons d'or, le premier brisé qui est Clermont, au deuxième et troisième pas d'or et de gueule de six pièces qui est d'Amboise.

Guerres de religion. Réforme. Ligue.

Le protestantisme, dont Luther et Calvin furent les principaux chefs, amena une haine, une division en France et notamment dans la vallée de la Blaise. Pendant les XVIe et XVIIe siècles, on s'y livra à tous les excès, lors que nos bons seigneurs de Blaise versaient leur noble sang sur les champs de bataille, pour le service du roi et la défense de la patrie, et qu'ils passaient leur vie tout entière dans l'administration du pays. Donnons quelques renseignements sur ces temps si agités, pour faire connaître que l'homme a tonjours besoin d'un esprit sain et éclairé pour distinguer le bien du mal, et pour savoir que la paix et la concorde sont ce qu'il y a de plus précieux pour le bonheur des peuples.

Luther (Martin) naquit en 1483, à Isleben, duché de Mansfeld, de parents qui travaillaient aux mines. Un jour un de ses camarades ayant été tué du tonnerre à ses côtés, il se retira dans un cloître, chez les Augustins. Il devint professeur de théologie à Vittemberg. Ayant lu les ouvrages de Jean Hus, il commença à dogmatiser ; alors un différend

s'étant élavé entre le pape et lui, il ne voulut pas se sou-
mettre ; il fut excommunié. Il quitta aussitôt l'habit religieux
et il prêcha la réforme. Quelque temps après, ayant réuni à
Augsbourg un nombre assez considérable de ses partisans,
ils protestèrent contre les sentences que l'Eglise avait ren-
dues sur leurs doctrines, et ils déclarèrent qu'ils professaient
la vraie religion. Depuis, on les appela protestants. Luther
épousa une religieuse, Catherine de Bores, dont il eut un
fils. Il mourut à Isleben en 1546, âgé de 73 ans.

Calvin (Jean) est né à Noyon en 1509. Il fit ses études à
Paris et entra dans l'état ecclésiastique. Il eut une chapelle dans l'église de Noyon. Il fut successivement curé
de Marteville et de Pont-l'Évêque ; il professait à Paris
le protestantisme avec assez de hardiesse, mais il fut
bientôt obligé de se retirer à Bâle ; il y étudia l'hébreu ;
il se rendit à Genève et y fut ministre de la nouvelle religion, mais une dispute sur sa cause l'obligea d'en partir.
Venu à Strasbourg, il y établit une église dont il se fit chef.
Les habitants de Genève l'ayant redemandé avec instance,
il retourna dans cette ville et y rédigea un code assez vigoureux de discipline ecclésiastique et de lois civiles que le
peuple accepta. Il resta en cette ville jusqu'à sa mort, qui
arriva en 1564, le 27 mai. Il avait épousé Idelette de Bure,
dont il eut un fils qui mourut en bas âge.

Le protestantisme, avec son enseignement nouveau, hardi,
flatteur, et surtout la politique s'en mêlant, fit assez vite des
prosélytes en France, et parmi ses adeptes, il compta des
hommes tels que le prince de Condé, l'amiral Coligny, les
princes de Bourbon, ce qui amena catholiques et protestants
à se poursuivre par les armes et les persécutions. Une rixe
sanglante qui eut lieu à Vassy le 1er mai 1562, en fut le pré-
lude. Voici comment : le prince François de Guise, seigneur
de Joinville, parti en expédition avec deux cents hommes
d'armes, assistait à la messe dans l'église de Vassy. A la
même heure, les protestants chantaient les psaumes de

Marot dans une grange voisine, où ils faisaient leur office. Ces chants étaient entendus dans l'église ; alors deux gentilshommes trop pressés et trop complaisants se rendirent auprès des protestants et leur enjoignirent de ne point troubler la messe qui se célébrait à l'église. Aussitôt une lutte s'engagea ; les calvinistes prirent des pierres, et les soldats du prince, se voyant attaqués, mirent l'épée à la main pour se défendre. Entendant ce tumulte, le duc de Guise, qui en ignorait la cause, sortit de l'église ; aussitôt une pierre, lancée par un calviniste, le blessa à la joue. En voyant la figure de leur prince ensanglantée, les gentilshommes se ruèrent sur les protestants ; en quelques minutes, soixante furent mis à mort et deux cents furent blessés. Le bruit de cette rixe, regrettable pour les deux partis, et qui prit le nom de massacre de Vassy, fut le signal de la guerre civile dans plusieurs villes ; nos paysans surtout eurent fort à en souffrir. Les calvinistes se posèrent en victimes ; les seigneurs de Trémilly, de Cirey, de Blaise, prirent parti pour eux. C'est par représailles que la châtelaine de Blaise se livra à de pareilles extrémités contre le couvent de Bracancourt et ses religieux.

Les Reîtres au nom des Huguenots, ravagèrent la Lorraine et la Champagne en 1576. Les Suédois, devenus protestants, étant de passage à Blaise en 1636, ravagèrent Bracancourt de nouveau. De leur côté, les catholiques, le 24 août 1672, à Paris, mirent à mort tout protestant qui se trouvait sous leur main. Cet attentat prit le nom de la Saint-Barthélemy.

Pour résister au protestantisme, qui envahissait la France comme il avait fait des provinces du nord de l'Europe, les guerriers catholiques se rassemblèrent et s'engagèrent à tout sacrifier pour défendre la religion de leurs pères. C'est alors que la Ligue se forma en 1577. Les ducs de Guise devinrent l'âme de cette association. Par suite de l'ascendant de ces princes, nos pays furent généralement pour la Ligue.

Plusieurs pays de la Blaise fournirent leur contingent à François de Guise pour soutenir cette noble cause ; mais la Ligue, formée en principe en 1577, ne fut signée et organisée qu'en 1585, le 2 janvier, au château de Joinville. Henri de Guise et Charles de Mayenne, son frère, représentaient la France ; Jean-Baptiste Tassi, chevalier de Saint-Jacques, et dom Jean Morée, représentaient l'Espagne ; enfin le cardinal de Bourbon représenté par F. Menneville.

A dater de cette époque, il y eut des succès et des revers de part et d'autre. Henri de Guise, dit le Balafré, à cause d'une blessure honorable qu'il avait reçue au visage, remporta deux victoires signalées à Vimori et à Auneau, sur les Reîtres, et les obligea à regagner leur pays d'Allemagne. Dès lors notre pays de France étant purgé, le peuple, dans son enthousiasme pour Henri, le compara à David qui avait défait les Philistins. Le roi Henri III ne put supporter la gloire de son rival : à la suite d'odieuses intrigues, l'illustre Guise fut assassiné lâchement en 1588. Son frère, le duc de Mayenne, le remplaça à la tête de la Ligue et ne déposa son épée que quand le roi Henri IV, abjurant le protestantisme, se fut fait catholique, en 1593, et eut, par l'édit de Nantes, donné à tous ses sujets le droit de professer librement le culte de leur religion.

Dès lors la Ligue n'ayant plus de raison d'être, elle fut dissoute. La Ligue fut diversement jugée ; la passion en a fait le point de mire d'injustes attaques. Un célèbre historien a dit que sans la Ligue, la France eût été hérétique. Après un tel aveu, on doit être pénétré de reconnaissance pour cette illustre famille de Joinville, qui eut le courage de combattre cette erreur nouvelle, pour maintenir dans sa pureté la foi de nos pères, qui était aussi la foi de toute la France et de l'Europe, et ces deux braves guerriers, les ducs François et Henri de Guise, furent mis à mort par le poignard et le poison, perfidement assassinés.

Le château de Blaise et toutes ses dépendances furent

achetés en **1770** par messire Leseurre, employé aux finances de France. Il ne se borna pas à faire restaurer l'intérieur des habitations, il fit changer complètement les dispositions du parc ; il détourna le cours de la rivière, qui du pont de Bracancourt, venait droit au pied du château ; il la fit passer à l'est du parc, où elle servit de clôture, et par un retour subit à l'ouest, elle rejoint son ancien lit à cent mètres au-dessus du moulin ; il fit le déversoir, le pré de la Mothe et la rivière de décharge, tels qu'ils existent aujourd'hui. A l'est du parc, tenant à la nouvelle rivière, il fit une plantation d'arbres fruitiers sur l'emplacement d'une grande pièce d'eau qu'il avait fait remplir avec des déblais de maisons incendiées qu'il avait achetés à Blaise. On y trouvait toutes espèces de poires, de pommes, de cerises et de prunes. Ce verger fut d'un bon rapport pendant 80 ans ; aujourd'hui, les arbres devenus vieux ont tous disparu. La rive ouest du parc, dont la totalité contenait environ huit hectares, limitée par un cours d'eau venant des fossés du château, était bordée d'un jardin potager et de prairies naturelles. Au milieu du parc, du nord au sud, il y avait des pièces d'eau, des longues, des carrées et de formes originales, toutes peuplées d'excellent poisson ; elles étaient entourées d'allées sablées, bordées en différents endroits de charmilles magnifiquement taillées et de grands arbres plusieurs fois séculaires. Sous ces ombrages, il y avait des sièges en bois, en pierre et aussi en fer, pour s'y reposer ; on y voyait des statues en pierre représentant les quatre saisons de l'année, et aussi des personnages historiques ; il y avait des grands vases en métal qui rendaient des sons comme des cloches, ce qui était rare dans ces temps.

Madame Leseurre, qui était très gaie et généreuse, invitait les habitants de Blaise à venir se promener le dimanche, pendant la belle saison ; elle les régalait de vin, de fruits ; la journée se terminait pour les jeunes gens par des chansons, des rondes avec accompagnement de musique ; chacun retournait content chez soi, le soir.

Messire Leseurre, qui aimait à faire travailler, a fait construire de belles remises, qui portent encore aujourd'hui le cachet de maisons seigneuriales ; elles sont maintenant converties en bâtiments d'habitation ; l'une est occupée par M. Gérard, cultivateur à Blaise ; l'autre, qui en est distante de 50 mètres, appartient aux héritiers de M. Bellois, décédé notaire à Blaise. Le colombier, qui est attenant et qui est aussi une construction de messire Leseurre, est de forme ronde ; il est couvert en bordeau surmonté d'une cloche en bois recouverte en ardoise grise, ce qui lui donne une couleur métallique ; elle est surmontée d'un pigeon en plomb. Il a fait aussi construire de grandes halles au centre du village, à la place de deux maisons qu'il avait achetées et fait démolir exprès ; elles appartiennent aujourd'hui à la commune de Blaise. Il a encore fait construire dans la rue de la Colette, un bâtiment se composant d'une vinée où étaient renfermées les cuves et les futailles pour la confection du vin. Sous cette vinée, se trouve une grande et excellente cave, et à côté trois autres portées de bâtiments renfermant le pressoir, où les habitants de Blaise et de Champcourt étaient obligés de venir pressurer leurs raisins. Ces bâtiments appartiennent aujourd'hui à M. Jean-Baptiste Lemoine. Ce même seigneur avait encore établi un superbe jardin potager entouré de murs de trois mètres de hauteur, garnis de treilles et d'espaliers. Il était divisé en quatre carrés égaux, séparés par des allées sablées ; au milieu se trouvait un grand réservoir en pierre de taille, bien cimenté ; il contenait l'eau pour les arrosements ; elle y était amenée par des chanlattes en bois, venant de la Fontaine-aux-Chiens, longeant le chemin de Champcourt, et d'une distance de trois cents mètres. Il se nommait le Jardinot. Il est encore existant ; il est divisé en plusieurs portions ; ses murs sont tombés en ruines ; il tient à l'est à la place du champ de foire, où il se trouve en face des remises dont nous avons parlé ; il est d'une contenance d'un hectare.

Le château, situé à l'est des remises, dont il était séparé par une distance de cent mètres, était un carré de bâtiments de quatre-vingts mètres de long sur les quatre faces, formant cours au milieu ; il était flanqué de quatre tours rondes ; le tout **était** construit en pierres et couvert en ardoises ; le château était défendu de toutes parts par un fossé de quinze mètres de large sur sept de profondeur, rempli d'eau vive, car l'on y voyait se promener de jolies truites. Pour traverser ce fossé, on passait sur un pont mobile que l'on tournait tous les soirs ; ce pont faisait face à l'entrée principale du château, située au midi ; un autre pont fixe, situé à l'ouest, conduisait aux remises

L'avenue du château était fermée par de grandes portes en bois, peintes en rouge, sur le haut desquelles se trouvaient des embrasures pour placer des canons ; les mêmes embrasures se voyaient aussi dans les tours ; le chemin qui amenait aux portes était bordé de deux rangs de grands ormes.

Pour faire tant d'embellissements, messire Leseurre avait dépensé plus qu'il n'avait de ses propres ressources ; il avait avancé des fonds de l'Etat, qu'il n'a pu remettre. Il a été obligé de quitter Blaise. Sa femme y est restée quelque temps après lui. Pour en finir avec les créanciers, le château et toutes ses dépendances ont été vendus en 1790, à M. Louis Mollerat. Il n'était pas de famille noble ; il avait fait fortune dans un voyage aux grandes Indes ; ses sociétaires avaient péri dans un naufrage ; il était revenu seul possesseur d'une fortune considérable ; il avait pu payer le domaine de Blaise et se créer une rente sur l'Etat de cinquante-deux mille francs, et d'autres ressources encore.

M. Mollerat a vécu quelque temps heureux dans sa terre de Blaise ; il était aimé des habitants ; mais la Révolution française est venue troubler son bonheur. Le bruit ayant couru que des émigrés étaient cachés au château de Blaise, un matin, six cents gardes nationaux de Chaumont y sont venus en armes pour faire une perquisition. A leur arrivée, M. Mollerat a fait ouvrir toutes les portes ; il a reçu ses visiteurs avec bonne grâce et il leur rendit toute satisfaction possible. Ils n'ont rien trouvé de suspect ; on les a invité à déposer les armes et à accepter le dîner, ce qu'ils firent volontiers. On a fait demander du pain aux habitants de Blaise, qui se sont empressés d'en apporter, et on a fait force omelettes ; bien des quartiers de lard y ont passé ; on a bu à volonté, et ensuite la troupe est repartie en chantant. M. Mollerat s'est conformé aux lois de la Révolution ; il n'a été ni suspecté ni inquiété. Un jour, après avoir fait sonner la cloche pour rassembler les habitants sur la place des Halles, il a brûlé en leur présence tous ses titres féodaux, dans un grand feu qu'il avait fait allumer exprès, renonçant pour l'avenir à tous droits et redevances, droits seigneuriaux appelés dîmes. Les laboureurs payaient tous les ans à la saint Martin un bichet de blé et un bichet d'avoine par cheval et par paire de bœufs ; le bichet contenait soixante litres. Ils devaient au seigneur quatre jours de travail par an, avec tout leur attelage. Les manouvriers devaient aussi quatre journées par an et une poule ou vingt sous à Pâques et à la saint Martin. Le curé avait la treizième gerbe de blé et d'avoine et la treizième hottée de raisins. Il dîmait aussi les pommes de terre, bisaille, navette, chanvre, disant que les emblaves des versets diminuaient la récolte du blé. Les propriétaires ne pouvaient pas enlever leurs gerbes avant le lever et après le coucher du soleil, et quand l'employé du curé, appelé pouillier, avait choisi la treizième qui lui appartenait. Dans certaines contrées, c'était la dixième, dans d'autres la septième qui appartenait pour la dîme.

Le seigneur avait le dixième dans les affouages ; mais il échangea ce droit pour le bois de la Renaude, qui appartenait à la commune, qui lui a été donné en contre-échange.

M. Mollerat accepta la perte de tous ces droits sans en paraître bien contrarié, mais il fut très affecté quand il apprit

que le gouvernement déclarait banqueroute des deux tiers
à ses créanciers, et qu'il ne reconnaissait plus leur devoir
que ce que l'on a appelé le tiers consolidé. Il répétait souvent : « Ils m'ont rogné les ongles de trop près ; je ne peux
pas faire tout le bien que je voudrais faire. »

Pour subvenir aux besoins de sa maison, M. Mollerat vendit à rente viagère une belle ferme qu'il avait à Ecot. Tous
les ans, il envoyait un vigneron de Blaise avec sa hotte sur
le dos et de la paille dedans, pour simuler un cossonnier,
chercher sa rente. Une fois, l'argent n'étant pas prêt, il fut
huit jours avant de revenir. La femme du vigneron fut in-
quiète ; elle venait tous les jours au château en pleurant et
disant : « Mon homme est mort en chemin ; il a été assassiné. » M. Mollerat répondait à cette femme : « Que pleures-
tu ? Si il est mort, je te nourrirai, toi et tes enfants. » Le
commissionnaire est revenu sain et sauf.

La position qui a été faite à M. Mollerat a fini par lui faire
perdre la tête ; il avait des instants de délire ; il succomba à
tant d'ennuis ; il mourut le 29 brumaire an XI républicain ou
1802. Deux de ses sœurs sont mortes chez lui et comme lui
furent enterrées dans le cimetière de Blaise. Une autre sœur
mariée à M. des Essarts et deux frères, dont l'un était prêtre,
furent ses héritiers. Après la mort de M. Mollerat, le domaine
de Blaise fut divisé : le moulin de Blaise fut vendu à M. Cor-
nette, qui en était locataire ; aujourd'hui il appartient à
M. Huguenin, qui y a ajouté une scierie qui travaille tous
les jours et qui rend bien service pour Blaise et les villages
voisins. Le moulin de Guindrecourt, qui est à 400 mètres en
aval de celui de Blaise, a été acheté par M. Audiffret, qui en
était fermier ; il appartient depuis deux ans à M. Maurice
Rolland, qui l'a fait reconstruire à neuf ; c'est une belle
usine ; il y a un logement pour le maître, qui vient y prendre
ses récréations.

Le terrage de Guindrecourt, qui était de vingt-cinq hectares de bonnes terres, a été acheté par M. Colson, médecin

à Bouzancourt. Celui de Blaise, qui était de trente hectares de terre et dix hectares de prés, et qui avait été affecté par M. Mollerat de six cents francs de rente au profit de deux de ses dames de compagnie, fut vendu par les héritiers à M. Rouyer, de Blaise, après que déjà ils en avaient vendu un quart en détail, la rente ci-dessus mentionnée avait été réservée. La vigne du Valnaudin, jolie propriété située au sud du clos de Bracancourt et contenant un hectare et demi, a été achetée par M. Jerphanion, ancien préfet de la Haute-Marne, habitant Juzennecourt. La haute vigne fut vendue à Mlle Victoire Callouet, qui la revendit à M. Michel Lemoine; elle contient quatre-vingts ares. Les bois de la Renaude et de la Garenne ont été achetés par M. Boulland, de Champcourt. Le parc a été divisé par fauchées ou trente-deux ares; les arbres des avenues et les charmilles furent coupés et mis en charbon sur place. Le château fut acheté par une société de marchands de biens appelée Bande-Noire; ils le firent démolir, espérant y trouver un trésor considérable que l'on disait y être caché; ils ne trouvèrent rien; ils vendirent les matériaux aux gens de Blaise et des villages voisins qui avaient des constructions à faire. L'emplacement du château, ne renfermant plus que les fondations et les fossés qui l'entouraient, fut vendu à M. Duchêne. Il en tira toute la bonne pierre pour la vendre et il remplit les fossés avec les déblais. Aujourd'hui ils font un excellent pré que l'on fauche trois fois par an. L'eau de la fontaine qui y prend sa source coule au milieu. La place du château est mise en culture, et par sa composition de chaux et de sable mélangés à la terre végétale naturelle du lieu, produit de très abondantes récoltes. Cette belle propriété, de la contenance de quatre-vingt-dix ares, vient d'être achetée 4,500 francs par M. Dupuis-Voillemont, maire de Blaise.

Bracancourt.

Le roi Louis XI, étant malade depuis longtemps et ne pouvant recouvrer la santé par les soins des médecins les plus habiles, envoya le maréchal de Baudricourt, seigneur de Blaise, en Calabre, chercher saint François de Paule pour le guérir. Le saint se rendit à cette invitation, et quand il eût vu le roi, il lui dit : « Dieu vous a envoyé cette maladie comme une pénitence pour vos péchés ; il faut la supporter avec patience ; puisqu'il vous afflige en ce monde, il vous épargnera dans l'autre ; les peines que l'on éprouve sur la terre ne sont rien contre les peines éternelles. » Après que saint François eût pris congé du roi, il vint à Blaise avec le maréchal de Baudricourt, qui lui fit les honneurs de son château. Ils allèrent ensemble visiter une chapelle dédiée à Notre-Dame de Bracancourt, situé à 500 mètres du village, sur la rive droite de la Blaise. Ils convinrent ensemble que cet endroit serait très convenable pour y établir un couvent de Minimes dont saint François est fondateur de l'ordre. L'acte de fondation fut passé à Chaumont, le 14 octobre 1496, au profit du vénérable frère François de Paule, père général correcteur et instituteur du moindre ordre des ordres et appelés les frères Minimes. Le saint voulut qu'ils portassent ce nom pour leur indiquer qu'ils sont les plus humbles et les plus petits de la société chrétienne.

Par cette profonde humilité, saint François voulut combattre l'orgueil, ce vice capital, voilà pourquoi il voulut que ses disciples vivent dans la retraite et la mortification. Le couvent fut construit aux frais du maréchal de Baudricourt et d'Anne de Beaujeu, sa femme. Saint François, âgé de 80 ans, en bénit les premiers travaux. C'était un carré de bâtiments formant une grande cour au milieu appelée le cloître. Il était bordé d'une allée couverte ; on y faisait la procession les jours de fête, par le mauvais temps. Il était limité au nord par l'église, qui était grande ; elle avait un beau clocher, quatre cloches et une horloge. Sous l'église, il y avait un caveau où étaient déposés les cercueils, par rangs, des pères Minimes et des seigneurs de Blaise ; au sud se trouvaient la cuisine et le réfectoire, qui étaient très vastes ; à l'est, étaient des bâtiments destinés à divers usages, notamment la sacristie ; à l'ouest se trouvait la construction qui existe aujourd'hui ; elle fut diminuée d'un tiers dans le bout au nord, par un incendie, en 1848. Ce bâtiment contenait les chambres d'habitation qui se trouvaient de plein pied du côté du cloître, le long duquel régnait un corridor où toutes les chambres prenaient leur entrée ; il en était de même au premier ; un grenier régnait sur le tout. Le sous-œuvre, qui avait ses entrées et ses jours à l'ouest, était divisé en cellier, vinée et pressoir, sous lesquels il existait une grande cave ; elle est encore la même aujourd'hui. La distribution de ce bâtiment a été complètement changée de bas en haut, par M. Clerc, en 1860 ; il l'a refait telle qu'on la voit aujourd'hui. Le clos, qui contient huit hectares, était moitié planté en vigne, dans la partie est ; une allée, large de deux mètres et bordée de deux rangs de tilleuls, se trouvait au pied de la vigne ; on prétendait que par leur cime élevée et touffue, ils garantissaient la vigne contre les gelées du printemps, en arrêtant la fraîcheur de la vallée et tenant l'abri du vent ; l'autre partie du clos, à l'ouest, était divisée en jardin potager, verger, prairies naturelles, et un grand vivier qui prend et remet son eau dans la Blaise qui coule au pied du mur. Il se trouve dans l'angle nord-est du clos une fontaine dont l'eau est très saine ; on l'appelle fontaine de Saint-François ; elle arrive à la maison par la pente naturelle du terrain ; elle suffit à tous les besoins et à l'arrosage du jardin. Outre la vigne du Clos qui contenait quatre hectares, les Pères Minimes en avaient encore deux hectares à Daillancourt, situés à l'est de la route départementale ; on les appelle encore aujourd'hui les Moines. Ils en avaient aussi la même quantité à Rouvres, près Bar-sur-Aube. Toutes ces vignes étaient situées à l'aspect du midi ; elles produisaient un vin excellent, ce qui provenait de la plantation qui était choisie et de la culture qui était bien soignée. Les Pères Minimes faisaient des composts de feuilles sèches, de terre et de fumier ; quand tout était bien consommé, ils le faisaient répandre sur la vigne.

Les caves de Bracancourt étaient une ressource en tous temps, surtout les années de disette.

Les Révérends Pères tiraient des rentes en blé du canton de Montier-en-Der. Ils avaient aussi un terrage sur le finage de Blaise, de la contenance de quarante hectares de terre et cinq hectares de prés. La maison de ferme était à Blaise ; elle appartient aujourd'hui à la famille Saleur. Le fermier faisait tous les voyages des moines ; il leur fournissait le lait, le beurre, la crème, les œufs dont ils avaient besoin. Quelquefois, à la saint Martin, le prix du fermage était plus que payé. Les Révérends Pères avaient leur chauffage gratis, dans un canton de la forêt de l'Étoile appelé encore aujourd'hui bois des Moines.

Les Minimes ne mangeaient jamais de viande qu'en cas de maladie et avec permission. Le carême était perpétuel dans leur ordre, mais ils étaient toujours bien munis de bons vins.

Tous les jours, les offices étaient annoncés au son des cloches ; les Pères Minimes chantaient tous les offices de la liturgie ; ils commençaient à deux heures du matin. Ils desservaient la paroisse de Curmont ; ils ont desservi Guindrecourt pendant quelque temps. Le dimanche et le jeudi, ils disaient une messe dans la chapelle du château de Blaise. Le 25 mars de chaque année, il y avait un grand pélerinage à Bracancourt ; les fidèles de Blaise, Champcourt, Daillancourt et Guindrecourt y venaient en procession, portant l'image de la sainte Vierge.

Les évêques de Langres et de Châlons y sont venus plusieurs fois donner la Confirmation.

Les Révérends Pères faisaient beaucoup de charités ; ils donnaient le pain de deux bichets de blé ou de soixante litres tous les dimanches aux pauvres de Blaise. Ils venaient en aide à tous les malheureux. Il fut un temps où les Pères

Minimes étaient au nombre de douze ; la fondation était ainsi fixée ; dans les derniers temps, ils n'étaient plus que quatre Pères et deux Frères ou Novices ; ils avaient toujours deux domestiques attachés à leurs personnes, qui s'occupaient quelquefois de la culture de la vigne.

Les Pères Minimes habitèrent Bracancourt près de trois cents ans, de 1497 à 1792. Ce ne fut pas sans troubles. Dix ans après la fondation, tous les bienfaiteurs étant morts, les héritiers ne voulurent pas tous payer les rentes aux moines ; il fallut les y forcer judiciairement ; la communauté en souffrit.

Après le massacre de Vassy, les protestants, déjà maîtres du château de Blaise, et excités par la princesse de Château-Porcien, qui avait embrassé la nouvelle doctrine, attaquèrent Bracancourt. Ils y ont tout saccagé, pillé, brûlé ; ils voulaient pendre les moines sur leur maison détruite ; plusieurs furent blessés ; on les amena prisonniers à Blaise. Le duc de Guise ayant repris le château, les délivra.

Les Pères Minimes se réfugièrent à Chaumont, où ils pensaient se fixer ; la ville ne le permit pas. Le cardinal de Lorraine voulait les amener à Reims ; il leur avait offert l'église de Saint-Come-et-Damien, lorsqu'il vint à mourir.

Ayant reçu des secours assez considérables de divers côtés, ils purent faire relever le couvent qui avait été abandonné pendant plusieurs années. Ils y entrèrent en 1580. La famille d'Amboise leur vint principalement en aide ; elle mit leur maison sous la protection du roi et leur fit obtenir plusieurs bulles qui accordaient des indulgences aux fidèles qui viendraient prier dans la chapelle de Notre-Dame et au pied de la croix monumentale élevée à égale distance des murs du clos et de la route ; on l'appelait la croix de St-François ; elle était tout en pierre ; il y avait neuf gradins de quatre faces pour arriver au socle ; elle avait 7 mètres de hauteur.

Bracancourt fut encore dévasté lors du passage des Suédois en 1636, et l'année suivante dix religieux y moururent de la peste. Enfin en 1706, dans la nuit du 25 au 26 août, à une heure du matin, pendant la matinée, un incendie attribué à la malveillance détruisit les deux tiers de la maison. On la releva, mais moins somptueusement. Les religieux avaient deux mille livres de rentes sur des biens fonds.

Depuis l'incendie de 1706 jusqu'à la Révolution française, l'existence de Bracancourt fut assez paisible ; il ne s'y passa rien de remarquable, sinon des confirmations données par les évêques de Langres et de Châlons, où il se rendait beaucoup de fidèles. Ce fut le calme précédant la tempête. L'ouragan de 93 emporta moines et couvent, pour ne plus reparaître ; il n'y resta plus qu'un simple logement bourgeois.

Aussitôt que l'Assemblée nationale eut confisqué les couvents au profit de l'Etat, le district de Chaumont envoya des voitures pour amener les cloches afin de les convertir en canons ; ils emmenèrent aussi le mobilier de l'église et de l'habitation, pour le vendre sur la place, à Chaumont. La bibliothèque, qui était considérable, chargea plusieurs voitures.

Peu de temps après, M. Lessertois, notaire à Chaumont, acheta Bracancourt et tout ce que cette maison possédait sur le finage de Blaise. Le 22 juillet 1792, il vendit en détail le terrage et la maison fermière. Il eut les bâtiments et le clos de bénéfice. Il fit démolir l'église et les bâtiments qui n'étaient pas utiles pour son logement ; il en vendit les matériaux. Les ossements et les cercueils qui étaient dans le caveau de l'église furent amenés dans le cimetière de Blaise et déposés au pied de la grande croix. Les reliques des saints qui étaient déposées dans quatre châsses en bois, furent apportées dans l'église de Blaise ; on y rapporta aussi une belle statue en pierre appelée Notre-Dame de Bracancourt. M. Ragot, de Chaumont, la repeignit en 1834 ; il l'estimait 1500 francs.

Blaise ayant été nommé chef-lieu de canton, M. Lessertois y exerça le premier les fonctions de juge de paix ; il eut pour successeur M. Thomassin, de Mirbel, qui remplit cette charge jusqu'à la suppression du canton. M. Thomassin venait à Blaise un jour chaque semaine pour y donner audïence et pour faire les mariages de tout le canton, qui se faisaient au chef-lieu, par le juge de paix. Les jours d'audience, le couvert de M. Thomassin était mis au château, à la table de M. Mollerat. Tous les votes politiques se faisaient au chef-lieu ; les dix-sept communes y venaient en armes, drapeau déployé. Les habitants de Colombey-les-2-Eglises trouvaient que le chemin était trop long pour eux ; ils auraient voulu que le chef-lieu fût à Harricourt, disant qu'il serait plus central; mais, à cause de Mirbel et Lagenevroye, il fut maintenu à Blaise. Les habitants de Colombey protestaient toujours, ceux de Blaise s'en fâchèrent ; il en survint une dispute ; ceux de Colombey dirent qu'ils avaient des prunes (des balles) pour les gens de Blaise, et le soir du même jour, trois filles de Blaise, les trois sœurs, attaquèrent trois gardes nationaux de Colombey qui se trouvaient isolés de la compagnie, les désarmèrent et rompirent leurs fusils en frappant la crosse contre terre ; elles dirent à ces hommes : « Voilà le cas que les gens de Blaise font de vos prunes. » Ces trois héroïnes étaient des filles Julien ; elles se nommaient Marguerite, Elisabeth et Charlotte. Après cette aventure, il fut défendu de venir en armes au chef-lieu.

M. Lessertois n'étant plus juge de paix, rétablit l'étude de notaire à Blaise, dont les minutes avaient été transportées à Vignory par le fils de M. Pertat, qui y était notaire, et avait réuni les deux études après la mort de son père. M. Lessertois ne fit pas beaucoup d'affaires ; il mérita encore le surnom de notaire des Capucins, qui lui avait été donné à Chaumont, parce que ces religieux ne s'occupaient qu'à prêcher l'Évangile et non des biens de la terre. Avant de quitter Chaumont, M. Lessertois avait vendu son étude à ses quatre confrères, qui la supprimèrent.

Après avoir vendu son étude de Blaise, M. Lessertois

passa tranquillement ses dernières années dans sa maison de Bracancourt. Il vivait frugalement. Un vieil officier d'état-major, bon viveur, M. Vautrin, en retraite à Blaise, disait : « Le père Lessertois vit de pruneaux et de fromage blanc. » Il vivait du revenu de son clos et d'une rente en blé qu'il tirait du Bassigny. Il mourut subitement un dimanche matin, au prieuré de Saint-Bon, chez M. Boulland, où il était venu rendre visite. Il fut ramené de suite à Bracancourt et enterré à Blaise le 10 septembre 1824.

Alors Bracancourt fut gardé par une vieille servante, qui soignait deux vaches et faisait cultiver le clos pour le compte des héritiers de son maître décédé.

En 1827, M. Michel Moine, négociant à Tonnerre (Yonne), passant à Blaise pour son commerce de librairie, apprit que Bracancourt était à vendre ; il vint le visiter et il le trouva tellement de son goût qu'il dit en le quittant : « Si l'on ne te fait que 20,000 francs, tu seras à moi. » Il l'acheta 14,000. Bientôt il lui en coûta plus de 25,000. Il fit vider les viviers, qui étaient remplis ; relever les murs du clos qui étaient en grande partie écroulés ; restaurer les bâtiments, qui depuis longtemps étaient négligés ; il agrandit le jardin potager, repeupla le verger et replanta la vigne. Son agrément était d'avoir des ouvriers. Il dépensa tout le bénéfice de son commerce à embellir sa propriété.

Un jour, étant de passage à Marseille (Rhône), il lut dans un journal : « A Bracancourt, ancien couvent de Minimes, situé à Blaise (Haute-Marne), il se passe des aventures extraordinaires. Tous les soirs, on ferme les portes avec soin, on les appuie avec de grosses poutres, et le lendemain matin tout est ouvert ; on ne voit personne ; on n'entend rien ; les lampes s'éteignent seules; on croit avoir affaire à des esprits invisibles qui viennent se jouer des habitants de la maison. M. le curé de Blaise y est venu en procession ; il a aspergé d'eau bénite tous les bâtiments, et les esprits malfaisants ont disparu. »

M. Moine, voyant que c'était dans sa propre maison que ces choses s'étaient passées, s'est écrié : « Ah! Jordanne, si j'étais là, je ne prendrais pas de l'eau bénite pour expulser les chenapans qui profitent de mon absence pour exploiter ma femme trop crédule. » Il revint aussitôt à Blaise et il découvrit le mystère. Le voici :

M. Moine avait deux demoiselles à la maison. Mademoiselle Augustine, l'aînée, avait un prétendant pour le mariage, M. Baudot ; mais comme il était connu que sa famille avait mal réussi dans ses affaires, M. Moine ne voulut pas que les relations continuassent, et il avait expressément défendu à M. Baudot l'entrée de sa maison, pour quelque prétexte que ce fût ; mais comme les amoureux sont féconds en stratagèmes pour favoriser leurs desseins, M. Baudot inventa un moyen de pouvoir entrer, mêlé à la foule qui venait par curiosité et pour monter la garde. Pour cela, il s'entendit avec la servante et deux serviteurs habitués à la maison. Il fut convenu que tous les matins les portes, petites et grandes, seraient ouvertes, malgré tous les soins que l'on aurait mis à les fermer le soir.

Mademoiselle Augustine jouait aussi son rôle ; elle dirigeait les aventures ; la servante, son affidée, accompagnée d'un homme, visitait tous les soirs les pièces de l'appartement, feignant de vouloir connaître si ils n'apercevraient rien de suspect ; elle revenait, se soutenant au bras de son conducteur, tenant à la moin sa chandelle qu'elle avait éteinte, disant qu'on la lui avait soufflée ; elle feignait de se trouver mal, elle tombait en pamoison, et on lui faisait respirer des odeurs pour la ramener à la connaissance. De son côté, Mlle Augustine se tenait au lit ; elle avait des spasmes, elle perdait par moments la parole. Mme Moine et les personnes présentes accouraient pour lui venir en aide. M. Baudot, qui se trouvait à la maison, arrivait aussi auprès de la malade ; quand elle entendait sa parole, elle paraissait aller mieux ; elle l'appelait près d'elle et elle l'obligeait d'y rester une partie de la nuit, en compagnie de sa jeune sœur, ce qu'il paraissait faire par obéissance et pour rendre service. Madame Moine, croyant qu'il y allait de la vie de sa fille, remerciait M. Baudot du service qu'il rendait avec tant de dévouement.

Tout le monde de Blaise accourait pour tâcher de découvrir les auteurs de ce désordre. Il venait aussi des personnes de Guindrecourt et de Champcourt pour y monter la garde pendant la nuit. La plupart étaient armés de fusils, de sabres et de fourches en fer, et malgré tout cela, les portes étaient toujours grandes ouvertes le matin, sans qu'on ait vu personne les ouvrir. M. Baudot avait à ses ordres des hommes qui fermaient publiquement les portes le soir et qui les ouvraient secrètement le matin.

Voyant que toutes les précautions que l'on prenait pour faire cesser ce manège n'aboutissaient à rien, on conseilla à Mme Moine de faire dire des prières, disant que l'on avait affaire à des esprits. M. le curé de Blaise a dit des messes du Saint-Esprit ; il est venu en procession à Bracancourt, un dimanche ; il visita et aspergea d'eau bénite toutes les pièces de l'appartement, et dès le lendemain tout rentra dans l'ordre.

M. Baudot et Mlle Augustine avaient atteint leur but, et, peu après le retour de M. Moine, qui arriva presque aussitôt, on les unit par le mariage.

M. Baudot voyagea avec son beau-père. Il devint même très habile dans le métier, et il put bientôt remplacer M. Moine, qui fut atteint d'un mal incurable à la lèvre supérieure et qui l'enleva après deux ans de souffrances ; il mourut le 19 décembre 1833.

Son beau-père étant mort, M. Baudot acheta les parts des co-héritiers de sa femme, et il devint seul propriétaire de Bracancourt. Il fit encore son commerce de librairie quelques années, mais ayant eu un fort démêlé avec la douane, il cessa de voyager.

Il se mit laboureur ; il fit aussi monter une huilerie ; mais ces occupations lui rapportaient peu de bénéfices ; il paraissait moins libre d'argent.

Un jour qu'il était absent, un incendie éclata dans sa maison, et sans des secours prompts et bien dirigés, tout aurait été brûlé. Il y en eut la moitié. On arrêta le feu contre un mur allant de bas en haut du bâtiment. Quand M. Baudot fut de retour, il n'en parut point attristé ; la maison et le mobilier étaient assurés contre l'incendie. M. Baudot reçut 14,000 francs de la Compagnie l'*Union*. Il a fait rétablir la maison en la rétrécissant d'un quart dans le bout incendié au nord, et il eut beaucoup d'argent de reste.

Sur ces entrefaites, sa femme vint à mourir, et l'ordre qui avait toujours si bien régné dans sa maison commença à diminuer. Il avait une servante ; sa fille devenait grande ; il venait des amoureux à la maison, en cachette et en l'absence du maître. Il en fut instruit, et pour les éloigner, il n'eut pas recours à l'eau bénite qui avait si bien réussi à sa belle-mère : il chargea son fusil pour mettre en fuite ces hardis visiteurs. Une nuit que M. Baudot avait oublié de fermer la porte de son écurie, son cheval, qui n'avait pas été attaché, sortit pour venir boire près de la porte de la maison, à un abreuvoir. M. Baudot ayant entendu marcher dans la cour, tira un coup de fusil au juger et abattit le pauvre cheval. C'était une belle jument rouge de quatre ans, qu'il avait nourrie ; il en fut très affecté. Alors il devint rêveur, et comme il était bon tacticien, voyant que ses affaires allaient au désordre, pour y remédier, il épousa une riche veuve qui n'avait pas d'enfants, et d'une bonne famille.

Il vendit aussitôt Bracancourt pour payer ses dettes et il alla demeurer dans les propriétés de sa femme, à Joinville. Il paraît qu'il reçut souvent des reproches du peu de fortune qu'il apporta, et un jour il arriva qu'il se trouva foudroyé d'un coup de fusil, que l'on dit être parti sans sa volonté. Ce malheur arriva dans sa maison, à Joinville. Toujours après une vie très aventureuse, il finit d'une manière tragique, laissant une fille mariée et remariée contre son gré. Son fils, qui après de bonnes études, avait été reçu docteur médecin et avantageusement marié, mourut d'une maladie de poitrine. Il s'était fait une bonne clientèle à Paris. Il précéda son père dans la tombe. Cette mort causa à M. Baudot un immense chagrin ; il ne put s'en consoler.

En 1860, Bracancourt devint la propriété de M. Anatole Clerc, un vrai gentleman. Il aimait les chevaux ; la chasse était pour lui d'un grand attrait. Il fit de belles plantations dans son parc, sous la direction de M. Ernest Royer, de Cirey, son oncle ; il changea complètement la distribution des bâtiments ; il y dépensa 30,000 francs. Il fut maire de Blaise et il s'est conduit avec intelligence et générosité dans l'accomplissement de son mandat. Il fut aussi capitaine des mobiles à Langres, pendant l'invasion allemande. Enfin ses idées changèrent : il vendit sa propriété et alla se fixer à Paris, où il prit un emploi plus lucratif.

Bracancourt fut revendu de nouveau en 1874 à M. Anatole Berthelin, qui jouit paisiblement des améliorations que ses prédécesseurs y ont fait. Très riche de patrimoine et célibataire, il prend ses plaisirs à chasser dans les bois de sa famille. Souvent le soir, la veille des chasses et lors des réunions de ses amis, il égaie les habitants de Blaise des sons de son cor de chasse. Il a une maison confortable et un parc agréable et d'utile production.

BLAISE.

Blaise, commune du canton de Vignory, à 32 kilomètres de Chaumont, chef-lieu de département, situé sur la rivière qui porte son nom, bureau de distribution, bureau de bienfaisance, notaire, docteur-médecin, ancien chef-lieu de perception, ancien chef-lieu de canton, foires les 20 février,

23 mai, 6 juillet, 20 septembre et 29 décembre, il est traversé du sud au nord par la route départementale de Colombey à Saint-Dizier ; son territoire a 1669 hectares de superficie ; il est limité au nord par le finage de Guindrecourt, au sud par ceux de Marbéville et Sexfontaines, à l'est par Ambonville et à l'ouest par Champcourt et Daillancourt. La population était de 337 habitants en 1850, elle n'est plus que de 295 en 1880. La commune possède 140 hectares de bois communaux ; cent sont divisés tous les ans en portions affouagères et 40 hectares sont vendus tous les 25 ans, pour l'entretien des bâtiments de la commune et autres entretiens ; c'est la réserve. Son église, dédiée à saint Michel, a un desservant. En 1789, Blaise faisait partie du doyenné de Château-Villain, au diocèse de Langres. La cure était à la collation des moines du Der. La paroisse, de l'élection de Joinville, généralité de Champagne, et ressortissant du baillage de Chaumont. La seigneurie était laïque. Le village consiste en une grande rue allant du sud-est au nord-ouest, et de rues latérales ; à droite, c'est la rue du Hanneté, la rue de la Fontaine, la rue de la Colette ; à gauche, la rue de Saint-Bon et la rue du Four ; elle a pris ce nom du four banal qui y a existé. Les maisons sont construites en pierres et couvertes en tuiles courbes ; aujourd'hui on la remplace par de la tuile de Passavant (Haute-Saône) ; cette tuile est plate et très grande ; par ses rainures, elle s'emboîte l'une dans l'autre ; elle fait une belle et solide couverture, et résiste très bien à la gelée.

Bâtiments de la commune.

L'église.

L'église est construite en forme de croix ; le chœur et les chapelles qui sont en avant en figurent la tête et les bras, la nef forme le pied. Le chœur et les chapelles sont éclairés par six grandes fenêtres ; elles ont une colonnette en pierre au milieu, et des meneaux dans le haut, qui se termine en pointe ; la plupart sont décorées de verres peints. La fenêtre qui se trouve au fond du chœur, derrière l'autel, est en grande partie muraillée à l'extérieur ; elle forme une châsse renfermant une grande statue en pierre, de la Vierge portant son enfant sur la main. Des guirlandes de fleurs en relief pendent de chaque côté de cette châsse ; au-dessus, aussi en relief, le Père Éternel, accompagné de chérubins, sort des nuages. Au-dessous, de chaque côté de l'autel, les patrons de l'église sont debout sur des piédestaux ; à droite, c'est saint Michel, le patron actuel ; il terrasse un énorme diable qui avait une tête si affreuse qu'on la lui a brisée ; à gauche, c'est saint Loup, évêque de Troyes, l'ancien patron ; il foule aux pieds un dragon entortillé qui désolait son diocèse. Ces ornements eurent bien leur mérite autrefois ; aujourd'hui, l'esprit de nouveau goût voudrait les voir remplacés par d'autres sujets, notamment rouvrir cette belle fenêtre qui n'a pas été faite pour être murée. L'autel construit à la romaine, et derrière lequel on circule, est d'une belle forme ; le devant du tabernacle représente Abraham sacrifiant Isaac ; un ange lui arrête le bras ; le haut est terminé par une belle croix dorée portant un Christ fait de la main des meilleurs maîtres. La sacristie est à droite du chœur ; elle contient de bonnes armoires en chêne où sont placés les ornements du culte, les linges et mobilier de l'église. Les vases sacrés sont en vermeil. L'ostensoir est un cadeau de l'empereur Napoléon III à M. Toussaint, curé de Blaise, en 1869. Il commanda le banc d'œuvre du chœur, travail assez bien fait, de style gothique, par M. Charles Mouchotte, de Daillancourt ; il fut exécuté sous la direction et avec le concours de M. Noble, curé de Daillancourt. M. Toussaint fit, en 1869, ouvrir une porte dans le chœur, allant directement à la cure ; c'est une grande facilité pour le curé. Il fit encore cette même année exhausser de vingt-cinq centimètres le dallage du chœur ; ce fut une bonne idée, seulement on aurait dû ne pas changer de place la belle pierre tombale, avec inscription, posée au milieu du chœur sur la sépulture de M. Hubert Jeanson, décédé curé de Blaise en 1755 ; maintenant elle sert de pavé sous le banc d'œuvre. Les nervures des voûtes du chœur et des chapelles sont remarquables d'élégance et de solidité ; par leur jonction, elles forment un arc-doubleau très fort ; il supporte le clocher dont la tour est en pierres et la flèche en bois et de forme carrée ; elle est couverte en ardoises d'Angers et surmontée d'une croix en fer avec boule et coq en cuivre doré ; L'ensemble est de 38 mètres d'élévation. Le clocher a été construit en 1834. Les cloches sont de la même année ; elles sont arrivées à Blaise le 19 novembre. Il est regrettable que l'on n'ait pas fait une tour moins massive et une flèche plus légère, c'eût été mieux en rapport avec les constructions antérieures. Le chœur est de forme octogone, solidement édifié et d'un travail soigné. Les chapelles et le chœur sont du XVIᵉ siècle ; ils appartiennent au style flamboyant. La nef a été faite en 1780, à la place de l'ancienne, qui était du XIIᵉ siècle ; elle avait un porche à l'ouest, sur la route ; il a été supprimé. Mᵐᵉ Leseurre, châtelaine de Blaise, a frappé avec un marteau d'argent sur la première pierre du portail ; c'était fête au village ; il est en pierre de taille ; il fait avant-corps, surmonté d'un fronton avec sculpture décorative et demi-lune ; l'ensemble est d'un bon effet. La nef est décorée d'un assez beau chemin de croix ; chaque tableau contient sept personnages ; les cadres sont dorés ; il a été inauguré en 1860, par M. Phulpin, curé ; on le doit à sa générosité, pour la plus grande partie, et le reste au concours des paroissiens. La chaire a été faite par M. Ragot, de Vignory, le père du célèbre sulpteur de Chaumont ; c'est une bonne menuiserie en chêne ; elle fait honneur à la famille de ces artistes distingués. Les tableaux sur toile des deux petits autels sont du même âge que la nef ; ils viennent de l'école de Mignard, de Troyes ; celui de droite représente saint Michel avec ses attributs ; ayant été endommagé par la pluie, il fut repeint par M. Pernot, de Wassy, en 1830 ; il a beaucoup perdu de son premier mérite. Celui de gauche représente la Vierge donnant le rosaire à sainte Catherine de Sienne et à saint Dominique ; le chien portant dans sa gueule une torche allumée, que sa mère vit en songe pendant sa grossesse, n'est point oublié. Ce tableau est d'un grand mérite et fort bien conservé ; le bas commence à se détériorer par la fraîcheur des murs ; il aurait besoin d'être réparé. La nef, ses fenêtres et son ameublement appartiennent au style de la Renaissance. L'église possède quatre châsses en bois renfermant les reliques de plusieurs saints et saintes ; elles lui ont été remises lors de la Révolution, à la destruction de l'église de Bracancourt. Elle possède aussi la statue de Notre-Dame, qui est très ancienne ; le couvent de Bracancourt a été bâti sur l'emplacement de sa chapelle. L'horloge de l'église de Bracancourt a été achetée par la commune de Cirey-sur-Blaise ; elle est toujours au clocher. La chaire est à l'église d'Ambonville ; elle est très bien conservée ; saint François est représenté en relief sur un des panneaux. L'horloge du clocher de Blaise est de 1865 ; elle a été vendue par Mme veuve Chavin, de Morey (Jura) ; elle a coûté 1,400 fr. et les trois timbres 1,000 fr., ensemble 2,400 francs. Quand le temps est favorable, on entend sonner les heures au Champ-de-la-Grange, finage de Soncourt, à 10 kilomètres. L'église est avoisinée au nord et à l'est par la propriété de la cure et à l'ouest par la route ; au midi elle tient au cimetière.

La cure.

L'acquisition de la cure a coûté 9,000 francs et la construction 12,000, ensemble 21,000 francs, et de plus on a abandonné aux entrepreneurs les matériaux de la démolition de l'ancienne cure, qui avait été bâtie en 1704, M. Bertin curé. Elle était à droite de l'église et du même alignement sur la route.

Il était urgent que la commune fît cette acquisition pour dégager l'église. La cure, depuis longtemps déjà, n'appartenait plus à la commune ; les remises et la cour venaient d'en être détachés pour 3,500 francs ; le corps de logis et le jardin allaient passer en d'autres mains pour 5,000 francs. L'exercice du culte serait devenu impossible à l'église si le nouveau propriétaire eût monté une machine à battre les graines sous les fenêtres, ou toute industrie bruyante. Maintenant ce danger n'est plus à craindre. La cure consiste en quatre chambres au rez-de-chaussée, corridor au milieu, grenier régnant dessus, disposition pour deux chambres au premier, deux caves sous les chambres, chambre à four et remise derrière, au fond de la cour ; jardin potager et verger attenant, de la contenance de vingt ares. La cure a été construite en 1863.

Maison d'école.

La maison d'école a été construite en 1866. L'acquisition a coûté dix mille francs et la restauration six mille francs, ensemble seize mille francs. Située au milieu du village et reculée de la rue, elle est très convenable pour sa destination. Le logement de l'instituteur consiste en quatre chambres au rez-de-chaussée, remise et cave attenant ; un large corridor sépare le corps de logis de la salle d'école, qui est très bien éclairée par quatre grandes fenêtres ; elle est assez vaste pour 150 élèves. Les dépendances consistent en une basse-cour à côté ; cour d'agrément derrière ; jardin potager et verger attenant, donnant à l'est sur la fontaine communale.

Mairie.

En 1847, la commune a fait construire un petit bâtiment assez joli. La façade et les angles, embasements et cordons, sont en pierre de taille de Lamothe. La façade fait avant-corps avec frontons, sculptures, moulures et inscriptions.

Il consiste au rez-de-chaussée en une remise pour la pompe à incendie, éclairée par une grande imposte cintrée. La salle de mairie est au premier; elle contient deux grandes armoires incrustées dans les murs à l'est, pour placer les archives et autres choses. Située au milieu de la place, à l'entrée de l'avenue de l'ancien château et éloignée des maisons de toutes parts, le bâtiment ne peut recevoir aucune communication d'incendie; les papiers de la commune y sont en sûreté. La construction a coûté 5,500 francs.

Les halles.

Les halles, situées au milieu du village, sur la place, sont construites sur poteaux en bois; elles renferment le mobilier nécessaire pour le déballage des foires, plus un pressoir, un alambic et une cave voûtée. Le tout fut loué en 1860 220 francs. Les halles ont coûté à la commune 4,500 francs, en 1859.

En outre de la fontaine communale, la commune possède encore quatre puits publics : l'un près de la mairie, un autre près de la cure, deux au sud du village, dit bout de la ville.

Maison du berger.

Cette maison, située à l'extrémité nord du village, est convenablement placée pour le berger. Le matin, allant au pâturage, il voit les bestiaux sortir de leurs écuries en montant le village, et le soir, en revenant, il les voit rentrer. De cette façon, aucune bête ne se trouve égarée. Cette maison a été incendiée en 1876 par la négligence du berger; sans de prompts secours, elle aurait été complètement détruite. Assurée à la Compagnie *l'Abeille*, elle a été payée aux deux tiers de la valeur assurée, d'après expertise faite amiablement. La Compagnie donna en outre 25 francs aux sapeurs-pompiers, pour les remercier de leur exactitude, et la même somme au sapeur Royer Adolphe, pour l'indemniser de la perte de ses souliers brûlés dans ses pieds en marchant sur les murs enflammés. Cette maison était estimée à l'assurance 1,800 francs. Elle fut recouverte sur la même charpente. Les bois ayant été éteints de suite, quoique carbonisés, ont été trouvés assez forts pour porter la nouvelle couverture. Le berger a pour dépendances deux jardins et un pré de vingt ares.

Fontaine communale.

La fontaine communale, située à l'est du village, au bas d'un petit monticule et à cent mètres de la rue principale, fournit de l'eau potable très saine en toute saison ; elle cesse quelquefois de monter à la rigole du palier qui déverse dans le lavoir, mais elle coule toujours dans les joints mal scellés du mur qui la retient ; elle est intarissable, parce qu'elle correspond par les sables à la fontaine du fossé de l'ancien château, qui n'en est distante que de cent vingt mètres et qui coule toujours abondamment. La fontaine, ou pour mieux dire le bassin et le lavoir qui est au-dessous, ont été muraillés et couverts en 1836. Au bas de la fontaine, est disposée une grande auge en pierres pour abreuver les bestiaux ; l'eau y vient naturellement par un tuyau provenant de la fontaine.

Terrains communaux.

1° Les Accrus, ainsi nommés parce qu'ils se sont formés seuls, par la suite des temps, le long de la forêt appelée les Cinq-Cents-Arpents. Étant devenus assez considérables, ces Accrus ont été aménagés par la commune en 24 coupes de 4 hectares et quelques centiares par année. Aujourd'hui, ces affouages de Blaise ne peuvent plus s'agrandir sur les champs qui les bordent ; ils sont clos par des fossés depuis 80 ans ; on les cure tous les 24 ans, quand on exploite la coupe qui les avoisine. Ils contiennent 102 hectares. Il y a 150 ans, ils étaient indivisés avec la commune de Champcourt ; ils ont été partagés, après un procès, par portions égales pour les deux communes.

2º La Réserve, près du Champ-de-la-Grange, avant 1789, était exploitée par la commune comme affouage. L'église et la cure, qui étaient les seuls bâtiments que possédait la commune, avaient des propriétés et des rentes pour leurs entretiens et réparations. Depuis la Révolution, cette forêt est mise en réserve pour l'entretien des propriétés communales. Elle contient 38 hectares. Tous les 25 ans, la coupe produit 30 à 35 mille francs.

3º La commune possède encore deux hectares de prés au bas du moulin, de chaque côté de la rivière. Ils sont amodiés par parcelles de 16 ares pour 100 francs par an. En 1813, la commune vendit quatre hectares de ces pâtis, rive de l'est, pour se procurer des fonds pour acheter une cure. Il lui en reste 34 ares de cette même partie, qui sont laissés gratuitement au curé.

Napoléon Ier, après les désastres de la campagne de Russie, en 1813, a fait vendre, pour se procurer des fonds, trois hectares de pâtis que possédait la commune et qui étaient amodiés, situés au bas du village, près du pont de Bracancourt. La commune en retire aujourd'hui 150 francs de rente payés par l'état.

Territoire.

La température du finage est assez modérée, comparativement aux villages voisins, d'abord à Curmont, qui n'est éloigné que de deux kilomètres. La vigne y gèle et le raisin ne mûrit pas. Les montagnes de la Perche, de la Renaude et des Folies, qui sont situées à l'est et au nord du territoire, calment les vents froids qui viennent de ces côtés. L'endroit le plus chaud du finage se trouve depuis Bracancourt jusqu'au tournant de Mathelinvaux. C'est là où l'on fait le meilleur vin. Le carrefour de Charopont, où se croisent plusieurs chemins venant des vallons qui y aboutissent, est l'endroit le plus froid ; quand on y passe dans les temps rigoureux, on se hâte le plus possible pour souffrir moins longtemps. Si ces montagnes du nord et de l'est nous favorisent en nous abritant des vents froids, elles nous nuisent quelquefois, pendant l'été, en arrêtant la marche des orages qui viennent du sud et de l'ouest, s'effondrent sur Blaise, creusent des ravins, et quand ils contiennent de la grêle, détruisent les récoltes. Nos ancêtres l'ont bien remarqué lorsqu'ils ont entremêlé leurs emblaves sur toute la largeur du territoire, qui est de plus de six kilomètres, afin qu'en cas de grêle tout ne soit pas détruit à la fois. Jamais un rayon de grêle ne contient une pareille largeur.

Le finage est sillonné de plusieurs vallons, d'abord la vallée principale où coule la Blaise, qui le traverse du sud au nord. Elle est large, fertile et agréable ; on voit avec plaisir couler cette belle eau limpide qui serpente au pied des côteaux. On y voit les jolies truites diaprées de rouge et de bleu, qui se promènent tranquillement, cherchant leur nourriture ; quelquefois elles se tiennent immobiles, suspendues entre deux eaux ; dès qu'elles se voient découvertes, elles filent vite se blottir contre une roche ou sous les herbes ; elles sont si attrayantes, que l'on ressent encore plus de plaisir, quand on peut les saisir, que l'on n'éprouve de satisfaction en savourant leur chair délicieuse. Elles atteignent le poids de deux à trois kilogrammes, quand on ne les prend pas trop tôt. La pêche des écrevisses se fait avec des balances, au mois de septembre. La pêche de la truite, du brochet et des vérons, se fait en toute saison, selon les circonstances et les besoins. Au mois de mars, arrive le frai des grenouilles ; elles viennent de trois à quatre kilomètres, se réunir dans une grande pièce d'eau de l'ancien château, de la contenance d'un hectare, et des fossés voisins remplis d'eau de source. Il n'est pas rare de voir des jeunes gens apporter entre deux, sur une perche, un sac de la contenance d'un hectolitre, rempli de grenouilles, et plusieurs fois par jour. On les vend un franc le cent. Pendant l'hiver, les canards sauvages, les merles et les grives de brou, viennent se réchauffer sur les bords fumants de la rivière, au bas de la source. On y voit quelquefois des cygnes et des oiseaux inconnus dans le pays. Le héron et le Martin pêcheur s'y promènent en toute saison ; c'est leur domaine. Charmante fontaine Madame, qu'il est doux le murmure de tes eaux sortant des roches ; quel beau cresson elles produisent. Les gens de Blaise viennent fréquemment le cueillir ; on voit aussi des personnes étrangères y remplir leur panier à la hâte, dans la crainte d'être vues. Les habitants sont trop hospitaliers pour s'y opposer ; ils savent que le cresson n'est pas seulement recherché par les friands, mais qu'il est aussi utile aux malades pour se guérir ; ils se contentent d'en être les plus près. Quels beaux pissenlits blancs on coupe tous les ans sur les prés d'alentour. Au printemps, les femmes y viennent par groupes ; les fillettes fredonnent. Quand ils sont fleuris et que le soleil brille, les prés en sont tout constellés. Les abeilles se roulent dans ces belles fleurs jaunes pour butiner et reviennent aux ruches toutes recouvertes d'une couleur d'or. Ces prés donnent tous les ans deux coupes de bon foin, où dominent l'anis et la centaurée, ce qui lui donne un arôme excellent. Chère fontaine, qu'ils sont heureux ceux qui, dans la belle saison, viennent se reposer sur tes bords, où la nature prodigue tous ses bienfaits : le gazouillement des oiseaux, le bourdonnement des insectes, les poissons qui sautillent, tout vous invite à remercier Dieu le créateur de tant de merveilles. Des fleurs de toutes sortes, qui croissent à cet aspect du midi, produisent des odeurs qui enivrent. Parfois, une brise légère vous apporte par ondées leurs parfums embaumés ; on se trouve enchanté. J'en jouis depuis vingt ans, en venant surveiller les essaims de mon rucher, placé dans un petit bois que j'ai planté à vingt pas de la source. Que je suis gai et leste quand, assis à l'ombre, dans ma maisonnette, je m'occupe à mettre en ordre le matériel nécessaire pour recevoir les abeilles qui, à certains jours, essaiment de deux ou trois ruchers à la fois. D'ordinaire, elles ne vont pas bien loin ; elles cherchent de suite l'herbe fraîche et l'ombre des buissons pour se reposer. Lorsqu'elles sont réunies en groupe, comme un énorme raisin, je m'approche sans être masqué pour le recueillir, et sans craindre d'être piqué ; voyant que je leur viens en aide, elles se hâtent d'entrer dans la ruche que je dispose ; il suffit que j'y aie remis la reine et une partie de l'essaim pour qu'elles y rentrent toutes. Aussitôt je recouvre la ruche d'un épais paillasson pour l'abriter du soleil qui est si chaud en cet endroit, que sans cette précaution, il les forcerait à fuir et à chercher un endroit plus frais. Le soir ou le lendemain matin, je les porte au rucher. Qu'il est agréable de soigner ces petits insectes si intelligents, si actifs et si reconnaissants des petits services qu'on peut leur rendre, soit en ôtant ce qui les gêne ou en les protégeant contre les ennemis ou les intempéries. Mieux on les met en état de travailler, plus on y gagne ; ils ne dépensent jamais que le nécessaire ; l'excédant de leur travail est pour l'homme. Lorsqu'une ruche est bien approvisionnée, la reine dépose ses œufs au mois de février ; les abeilles éclosent en avril ; les essaims portent en mai. Quelquefois, quand le temps est favorable, elles essaiment à leur tour un mois après leur départ. C'est dans ces conditions que le rucher prospère et qu'il fait du bénéfice à son propriétaire. Si au contraire la reine remarque que la ruche ne contient des vivres tout au plus pour la population qui existe, elle ne dépose ses œufs que quand le temps de butiner est venu, afin de pouvoir nourrir le couvain naissant ; alors les essaims viennent tard ou point du tout ; le rucher végète et ne fait point de profit. Tout est ordonné dans une ruche, comme dans la meilleure des républiques. La reine gouverne en souveraine ; elle est la mère de tous ses sujets, qui tous la chérissent. Elles déposent les œufs de reines le plus souvent à l'angle du rayon où les ouvrières ont préparé des cases exprès ; elles sont un tiers plus grandes que les autres. Elle pond les œufs d'ouvrières dans toute la largeur du rayon ; ceux de mâle sont déposés par groupe ; leurs larves sont plus saillantes et plus grosses que celles des ouvrières. Dans la bonne saison, quand il fait chaud, vingt jours après qu'un œuf est déposé, l'abeille éclot et va de suite aux champs ; son éducation est faite ; elle butine comme les autres. Quand une ruche est remplie d'abeilles, et de provisions, et que la chaleur de la saison est venue, elles ne peuvent plus y habiter ; la reine part, les abeilles qui sont présentes la suivent, c'est ce qui forme l'essaim. Les abeilles qui sont aux champs, à leur retour, n'abandonnent point la ruche ; elles nourrissent les jeunes reines et les ouvrières, qui sont prêtes à éclore, et la ruche se repeuple. La mission de la reine est de gouverner et repeupler la ruche ; celle des mâles est d'accompagner la reine et de la rendre féconde. Les ouvrières, qui ne sont d'aucun sexe et qui sont les plus nombreuses, s'occupent de butiner sur les fleurs et de fabriquer la cire et le miel, de réchauffer, de nourrir le couvain ; elles nettoient et tapissent la ruche ; elles la défendent contre les ennemis du dedans et du dehors. Chez elles, on ne souffre point d'infirmes ; quand une abeille est estropiée, on la traîne dehors après l'avoir tuée. Les abeilles sont laborieuses et économes par caractère ; elles sont avares et cruelles par esprit de conservation. Au mois d'août, quand la reine a cessé de pondre et qu'elle est fécondée pour l'année suivante, les ouvrières exterminent les mâles, parce qu'ils mangent et ne travaillent point ; ils sont les plus gros et les plus forts, mais ils n'ont point d'aiguillon, ils ne peuvent pas se défendre ; aucun n'est épargné. On voit leurs cadavres qui gisent par centaines devant les ruches ; de petits insectes les déchiquettent pour s'en nourrir. Au commencement d'avril, il faut nettoyer les ruches, couper la cire malsaine, prendre un peu de miel, s'il y en a beaucoup, et ne pas affaiblir. A la saint Jean, si les ruches sont remplies, on peut prendre un peu de miel, si le temps est favorable, pour remplir, mais s'il fait trop sec ou trop humide, il ne faut pas y toucher. Au mois de septembre, il faut détruire tous les petits essaims qui ne sont pas assez forts pour passer l'hiver, ainsi que les vieilles ruches qui s'affaiblissent. il ne faut conserver que des ruches fortes en abeilles, bien approvisionnées, et surtout d'une belle cire saine.

Laissons là ces lieux d'utiles agréments et revenons à notre territoire.

La vallée principale où coule la Blaise reçoit à droite quatre grands vallons : 1° le val des Creux-Chemins ; il prend naissance sur le finage de Marbéville ; il a quatre kilomètres de longueur ; il reçoit lui-même à gauche trois grandes vallées, venant de la forêt de l'Étoile : les vaux Rabeux et le Valédron, et à droite plusieurs petits vallons ; 2° à 500 mètres des Creux-Chemins, en descendant à l'est, dans un tournant, se trouve le val Lacolière ; il a la même origine et la même longueur que le val des Creux-Chemins ; il reçoit aussi plusieurs vallons à droite et à gauche ; ces deux vallées, après les grandes pluies et les fontes de neige, fournissent des torrents qui coulent huit à quinze jours ; 3° à 200 mètres du val Lacolière, en descendant vers le nord, arrive l'embouchure du val de Mathelinvaux ; il se forme entre les montagnes de la Renaude et de la Perche, descend au sud ; il reçoit deux embranchements. Les petites fontaines de ces vallons réunies forment un cours d'eau qui coule continuellement. Le quatrième vallon est le val Mégrien ; il est à deux kilomètres du val de Mathelinvaux ; il commence à la rive nord de la Renaude, descend sous la côte des Folies et se dirige à l'ouest ; il n'a aucun adhérent ; les petites fontaines qui s'y trouvent forment un ruisseau qui coule en tout temps. Ces quatre vallées déversent leurs eaux dans la Blaise.

Sur la rive gauche, il se trouve aussi quatre à cinq petits vallons ; ils sont peu profonds ; ce sont plutôt des ondulations de terrain ; c'est la plus belle partie du territoire. La culture y est facile ; les récoltes sont plus ou moins abondantes selon l'épaisseur de la couche de terre végétale. Quand il pleut assez souvent, la différence est peu sensible ; mais quand il fait des sécheresses, les fonds sont bien meilleurs. Le territoire peut se classer en quatre espèces de terres différentes : 1º la terre noire ; c'est la meilleure ; elle convient pour toutes sortes de récoltes ; elle est plus ou moins mélangée de pierraille ; 2º la terre rouge ou jaune, dite herbue ; c'est la plus facile à cultiver ; il ne s'y trouve point de pierres ; elle est d'une bonne production avec de l'engrais ; il ne faut pas mettre la semence dans le labour par les temps pluvieux, parce que la terre se crasse, se durcit, et la levure ne peut pas sortir ; 3º les terres blanches ou grises ; elles ne contiennent point de pierres ; elles sont grasses et difficiles à cultiver ; elles ne conviennent guère que pour le blé et l'avoine et très peu pour les plantes fourragères ; 4º les terrains pierrailleux ; ils sont propres à toute culture, mais ils ne fournissent des récoltes que proportionnellement à l'épaisseur de la couche de bonne terre, et leur réussite dépend tout-à-fait des pluies de l'été. Cette quatrième catégorie comprend à elle seule la moitié du territoire.

Le territoire se divise ainsi :

Bois communaux............	102	hectares.
Bois de particuliers	754	—
Bois de la Renaude, sur Blaise...........	12	—
Bois de la Garenne, sur Blaise...........	15	—
Diverses plantations de petits bois.......	20	—
Vignes anciennes de la Renaude.........	40	—
Vignes nouvelles à la Perche...........	8	—
Terres en culture de céréales...........	649	—
Prairies naturelles.....................	43	—
Prés plantés en oseraies................	2	—
Terrains divers et friches............	10	—
Bâtiments.........................	2	—
Jardins	2	—
Chenevières.	10	—
Total..........	1.669	hectares.

Récoltes sur le territoire (année moyenne).

	Hectares ensemencés chaque année.	Produit par hectare.	Produit total.	Prix.	Total en argent.
Blé.................	130	15 hectol.	1.950 hectol.	20 ' l'hectol.	39.000 '
Seigle..............	4	10	40	15	600
Orge...............	4	14	56	14	784
Avoine	140	17	2.380	10	23.800
Pommes de terre.....	20	60	1.200	5	6.000
Vignes.............	36	25	900	16	13.500
Betteraves..........	3	15.000 kilog.	45.000 kilog.	3 ᶜ le kilog.	1.350
Foin naturel........	40	3.000	120.000	6	7.200
Foin artificiel	60	2.000	120.000	4	4.800
Affouages communaux	4	»	»	800 ' l'hectare	3.200
Bois particuliers......	30	»	»	800	24.000
Oseraies	2	»	»	500	1.000
Légumes de toutes sortes					1.500
Fruits divers..					1.000

Total pour l'année................. 127.000 ᶜ

Voies de communication.

largeur.

1º La route départementale nº 2, taversant le village et le territoire............................... 10 m.

2º Chemin de grande communication de Marbéville à Charapont............................ ... 6 m.

3º Chemin de moyenne communication allant de la route au territoire de Champcourt............. 6 m.

4º Chemin vicinal allant des halles au territoire de Champcourt .... 6 m.

5º Chemin des vignes allant du pont de Blaise au finage de Marbéville .... 5 m.

6º Chemin du pont de Blaise au finage de Guindre-court................................. 4 m.

7º Chemin du pont de Blaise à Mathelinvaux........ 4 m.

8º Chemin allant du pré Lasson à Morfontaine...... 3 m.

9º Chemin allant de Charapont à la D'huis.......... 3 m.

10º Chemin des Creux-Chemins de Charapont au finage de Marbéville .... 3 m.

11º Chemin de Froichamp allant de Charapont au finage de Champcourt............................ 3 m.

12º Chemin allant à Curmont...................... 3 m.

Sentiers.

largeur.

1° Allant du village à la Garenne. (On y passe avec
une voiture)... .... 1 m.

2° Sentier allant du chemin de Champcourt à St-Bon. 1 m.

3° Chemin des vignes, sentier allant derrière Bracancourt à Mathelinvaux............................ 1 m.

4° Sentier du Cul-de-Chèvre...................... 1 m.

5° Sentier de Bel-Air............................ 1 m.

6° Sentier allant de la rue du Hannsté à la route.... 1 m.

7° Sentier allant de la rue de Saint-Bon au chemin
de Champcourt.................................. 1 m.

8° Sentier allant du bout du village au Vauchêne.... 1 m.

9° Sentier allant de la rue du Château à la rue de la
Colette .... 1 m.

Recteurs ou Desservants la paroisse de Blaise.

MM.

François Nalot, curé, et Jean Millot, vicaire.   1590 à 1630

Philibert Mathieu, curé, et Edme Piot, vicaire.   1630 à 1636

De Monbelle, curé......................   1636 à 1679

Pierre Paquot.................. ....   1679 à 1697
    Son corps fut inhumé dans l'église de Blaise.

Arnoult Baudoin ....   1698 à 1713
    Son corps fut inhumé en l'église St-Michel.

Joseph Jaquinot ....   1713 à 1714
    Son corps fut inhumé au cimetière.

Jean-Baptiste Ducret.....................   1714 à 1735

Hubert Jeanson..........................   1735 à 1755
    Son corps fut inhumé dans l'église St-Michel,
    de Blaise.

Robert, curé de Blaise...... ....   1755 à 1791

Le 4 mai de la même année, il a officié solennellement
à la translation des ossements des R. P. Minimes et des seigneurs de Blaise qui avaient été déposés dans les caveaux

de l'église de Bracancourt, et qui, ayant été réunis dans trois cercueils, furent amenés dans le cimetière de Blaise et inhumés dans une fosse ouverte près de la grande croix. Ce fut le dernier acte de son ministère. Il fit ses adieux à ses chers paroissiens. Sa conscience ne lui ayant pas permis de prêter serment à la Constitution de l'Etat, il quitta sa cure et son église pour prendre le chemin de l'exil, où il mourut de fatigues et de privations. Il fut pieux et austère dans l'accomplissement de ses devoirs.

M. Henry Eprit, prêtre constitutionnel, du 17 juin 1791 au 13 novembre 1792.

Le gouvernement ne voulant plus de culte, il retourna dans sa famille, à Neufchâteau, et se mit marchand d'étoffes. En 1803, après le Concordat, il revint à Blaise, de nouveau en possession de sa cure ; il y mourut le 14 mai 1819. Il a été généreux pour les pauvres et si compatissant à tous les malheureux, qu'après son décès on vendit son mobilier pour payer ses créanciers.

M. Théodore Phulpin, de 1819 à 1869.

Sa santé ne lui permettant plus de remplir ses devoirs selon ses désirs, il donna sa démission. Il mourut à Blaise le 30 décembre 1874. M. Phulpin, pendant son long ministère, fut un modèle de bonté et de simplicité. Il légua quatre mille francs pour l'établissement d'une école de filles à Blaise.

M. Jules Toussaint, de 1869 à 1871.

Il fit faire d'utiles changements dans l'église.

M. Jules Chérin, de 1871 à 1873.

La mort l'enleva trop tôt. Il fut très zélé et généreux pour sa cure et pour son église.

M. Joseph Minot, depuis 1873.

Intelligent et dévoué, il administre bien les paroisses de Blaise et de Guindrecourt.

Tous les prêtres décédés depuis 1755 furent inhumés dans le cimetière de Blaise. En cas d'empêchement de MM. les curés de Blaise, et dans l'intervalle de leur décès à l'installation de leurs successeurs, l'administration de la paroisse était faite par les R. P. Minimes de Bracancourt.

Recteurs d'école ou Instituteurs.

MM.

1 Drouot Roch	1692 à 1697
2 Armand-Pierre Taillandier	1697 à 1700
3 Gernais, sous-recteur d'école	1700
4 Chaput François	1700 à 1702
5 Chappuis François	1702 à 1709
6 Guyard Jean	1709 à 1711
7 Harmand Pierre	1711 à 1713
8 Renault	1713 à 1719
9 Chevalier Nicolas	1719 à 1732
10 Colnat	1732 à 1734
11 Prévôt, instituteur	1734 à 1739
12 Richelet Pierre	1739 à 1770
13 Girardot Joseph	1770 à 1791

N'ayant pas voulu enseigner avec les livres de la République, il se retira à Blésy, son pays natal.

14 Guénot fit les fonctions de secrétaire de la municipalité et d'instituteur de	1791 à 1810
15 Brévot Didier	1810 à 1820
16 Bouffin	1820 à 1821
17 Serrier Joseph	1821 à 1825
18 Leclerc	1825 à 1826
19 Bertrand Pierre	1826 à 1839
20 Ruotte	1839 à 1842
21 Sajet Remy	1842 à 1854
22 Vignardet	1854 à 1855
23 Piot Adolphe	1855 à 1881
24 Piot Stanislas	1881 à

Etat des Maires depuis l'institution des municipalités, en 1791.

MM.

1 Jacques Cornette	1791 à 1796
2 Louis Mollerat	1796 à 1801
Jean-Baptiste Bourlier et Nicolas Delignon, adjoints, administrèrent la commune, à la place du maire empêché, de	1797 à 1801
3 Pertat Claude	1804 à 1806
4 Delignon Nicolas	1803 à 1804
5 Pertat Claude	1804 à 1806
6 Delignon Nicolas	1806 à 1810
7 Gillet Gabriel	1810 à 1818
8 Vautrin Joseph	1818 à 1831
9 Rouyer Théodore	1831 à 1832
10 Voillemont Joseph	1832 à 1834
11 Lemoine Jean-Baptiste	1834 à 1852
12 Bertrand Pierre	1852 à 1860
13 Rouyer Joseph	1860 à 1865
14 Clerc Anatole	1865 à 1871
15 Huguenin Ernest	1871 à 1876
16 Dupuis Claude	1876 à

Etat des Notaires.

MM. Jacquemin	1622 à 1658
Collet Louis	1658 à 1707
Lecomte Just	1707 à 1724
Toussaint Antoine	1724 à 1769
Lebey Joseph	1769 à 1796
Gérard Claude	1748 à 1753
Oudot Nicolas	1756 à 1762
Legendre Maurice	1762 à 1783
Pertat Claude	1785 à 1804

MM. Lesertois Jean-Baptiste................... 1805 à 1813
    Delcey Claude........................... 1813 à 1814
    Lavocat Charles........................ 1814 à 1824
    Lévêque François .... 1824 à 1831
    Noël Jacques.......................... 1832 à 1835
    Corda................................. 1835 à 1843
    Bellois Nicolas....................... 1843 à 1873
    Guibourt Paul......................... 7873 à

Liste des Médecins.

M. Nicolas Garnier, maître chirurgien à Blaise, fit ériger une croix à Blaise, dont le pied est en pierre et le reste en fer, avec lance et éponge, emblêmes de la passion du Sauveur. Au bas de l'inscription, on lit cet exergue : *Spes mea Deus. — 15 juin 1615.* Cette croix existe aujourd'hui au sud du village, près le bord de la route; on l'appelle Croix de Mission.

En 1676, M. Millière, maître chirurgien, habitait Blaise.

M. Claude Bourlier, maître chirurgien, né à Blaise, y professa la médecine de.................... 1760 à 1802
M. Leseur, officier de santé, de............. 1810 à 1823
M. Richoux, docteur médecin, de............ 1826 à 1854
M. Quenard, docteur médecin, de.......... 1854 à 1880
M. Régnier Jules, docteur, de............. 1880 à

Subdivision des Sapeurs-Pompiers.

MM. Dupont Jean-Baptiste, lieutenant....... 1847 à 1855
    Baudot Nicolas,   id.......... 1855 à 1859
    Lemoine Jean-Baptiste,   id.......... 1859 à 1868
    Buot Alexandre,   id.......... 1868 à 1873
    Lemoine Léopold,   id.......... 1873 à

La commune de Blaise possède depuis longtemps des ouvriers habiles dans leur genre, tels que maréchaux ferrant, taillandiers, charrons, charpentiers, menuisiers, bourreliers, sabotiers, maçons, tailleurs de pierre, tisserands, jardiniers, chaudronniers, bouchers, épiciers, merciers, débit de tabac, aubergistes et limonadiers.

Comparaison des mœurs et usages d'il y a un siècle à nos jours, et des progrès successifs de l'agriculture et de l'industrie.

Avant la révolutfon de 1789, l'agriculture, quoique la principale industrie de ce temps, était peu productive. Le tiers des terres était en friches, surtout le long des bois, et servait au pâturage. Seuls, les principaux propriétaires avaient des vaches ; les autres nourrissaient des chèvres et des brebis. Les chevaux et autres bestiaux allaient au pâturage en toute saison, excepté pendant les neiges et les grandes pluies ; on les conduisait sur les prairies naturelles, les chaumes, les friches et les bois, selon la saison, excepté pendant les mauvais temps. On ne faisait point de prairies artificielles.

En 1820, on a commencé par semer du sainfoin dans de vieilles vignes arrachées ; on récoltait la semence en la tirant avec la main. On sema de la luzerne dans les meilleures terres ; elle n'y durait pas longtemps, parce que le terrain était trop gras et pas assez pierreux ; la luzerne se perdait au bout de deux à trois ans, et le champ devenait en friche. Ce n'est qu'en 1830 que les prairies artificielles se cultivèrent avec succès ; l'agriculture, en général, commença à se bien développer. La révolution politique qui eut lieu cette année-là en a donné l'essor. Le gouvernement permit de construire des fourneaux et des forges à volonté ; avant cette époque, c'était difficile d'être autorisé à le faire. Les usines se sont quadruplées, l'ouvrage devint plus commun et les prix meilleurs. On gagnait de l'argent, par conséquent le prix des terres augmenta. On a semé du trèfle dans les bonnes terres, de la luzerne dans les terres pierrailleuses, du sainfoin et de la minette dans les terres les plus légères, et le fourrage abonda. On ne perdait plus de temps à mener les chevaux aux pâturages, on les nourrissait à l'écurie, et on partait au travail souvent avant le jour. En travaillant, on voyait son bien-être s'accroître. L'industrie du fer était la cheville ouvrière du département ; elle a puissamment aidé l'agriculture, avec l'argent que le cultivateur gagnait en travaillant pour l'usine ; il nourrissait ses chevaux à l'écurie, il faisait du fumier, il engraissait ses terres, il les cultivait bien, et tous les ans il en achetait de nouvelles. Ce temps heureux a cessé en 1848. Les troubles politiques ont arrêté l'élan des affaires. L'Empire, par le libre-échange, a porté un coup mortel à notre département. L'exploitation des bois, qui était si florissante, fut presque anéantie ; la moitié des fourneaux se sont arrêtés, les autres ont diminué leurs produits pour ne pas s'éteindre ; les ouvriers de toutes sortes n'avaient plus autant d'ouvrage ni d'aussi bons prix. On s'est rabattu sur l'agriculture, qui heureusement était devenue productive. On l'encouragea par des Comices, des Concours et des primes. On a créé des voies de communication qui, par leur construction et leur entretien, ont occupé les ouvriers qui ne travaillaient plus autant pour l'usine. On a fait aussi beaucoup d'églises et de maisons d'école ; ces constructions ont occupé les ouvriers, et comme la population diminue dans les campagnes, ce n'est pas l'ouvrage qui manque, ce sont plutôt les ouvriers, et le prix des salaires est doublé depuis 15 ans. On payait 50 centimes la journée d'une femme avant l'invasion allemande, aujourd'hui c'est un franc. Une bonne servante se payait 120 francs, aujourd'hui elle se paie 250 à 300 francs. On façonnait une journée de vigne (5 ares 40) pour 7 francs, aujourd'hui c'est 18 à 20 francs. La culture d'un journal de blé (trois labours) se payait 12 francs, maintenant elle se paie 20 fr. Les ouvriers qui sont laborieux et économes ont très facile de gagner de l'argent,

Dans tous les pays, avant la Révolution, les vignes les mieux situées appartenaient aux seigneurs ou aux couvents. Le peuple cultivait aussi pour lui des vignes, mais la plantation était peu productive ; on faisait généralement peu de vin ; il se vendait cher ; le peuple en buvait rarement, sinon quand il travaillait pour les seigneurs, les couvents ou les curés, et quand il leur plaisait d'être généreux.

Après la Révolution, une partie des bonnes vignes, qui appartenaient aux classes privilégiées, furent vendues et divisées. Ce fut un encouragement pour les classes ouvrières : on travailla mieux les vignes ; on remplaça le plant fin par un plant plus productif, et le vin devint plus commun, et il se trouva sur la table des ouvriers comme sur celle du maître.

Avant 1789, il n'y avait que les nobles et le clergé qui mangeaient du pain de blé ; le peuple le plus à son aise se nourrissait de pain de méteil, c'est-à-dire d'un mélange de blé avec du seigle ou de l'orge ; les autres mangeaient du seigle ou de l'orge, sans qu'il y ait de blé, et même de l'avoine ou de l'épeautre sans aucun mélange. Les meuniers de ce temps ne blutaient pas la farine ; chacun avait chez soi des tamis plus ou moins fins, selon la qualité du pain qu'il voulait faire. Il fallait passer la farine à la maison avant de faire le pain.

Au commencement du siècle actuel, on essaya de faire de la farine au moulin et, jusqu'en 1830, le pain se bonifia insensiblement. Mais à cette époque, l'agriculture ayant pris une extension considérable, on reconnut qu'un champ bien cultivé et convenablement fumé, produisait autant de boisseaux de blé que de seigle, et la culture du seigle fut toutà-fait abandonnée. Tout le monde mangea du pain de blé, et depuis dix ans que les bluteries sont perfectionnées, on fait du pain aussi beau que le gâteau d'autrefois.

Nos aïeux mangeaient du pain noir, souvent de la soupe en huile, buvaient de l'eau ; ils tuaient un porc pour deux ou trois ménages ; le sel pour le saler coûtait 1 fr. 40 le kilog. Il y avait des familles nombreuses, et la plupart venaient très vieux. C'est que parmi eux il n'y avait pas d'envie de devenir riche ni d'ambition exagérée, ni de débauche. Ils vivaient sobrement, les mœurs étaient pures, ils s'en rapportaient à la Providence. Mais faute de soins, de précautions, ou par ignorance, ils éprouvaient souvent des maladies qui décimaient la population. Aujourd'hui que le progrès a amené du bien-être dans toutes les classes de la société, celui qui est intelligent et sage vit beaucoup mieux qu'autrefois. Mais ceux qui s'abandonnent à leurs passions, sont encore plus malheureux que nos ancêtres ne l'étaient avec leur simplicité et leur ignorance. Plus on est dans un monde civilisé, plus il faut d'ordre et de vigilance pour ne pas se laisser entraîner au courant des modes, qui toujours amènent de la dépense.

Nos aïeules filaient au fuseau la laine et le chanvre pour faire les vêtements de la famille.

Pendant l'été, on s'habillait de toile et de boura ; l'hiver, de boge ou de tirtaine ; ce n'était pas brillant, mais c'était solide. Plus tard, le fuseau fut remplacé par le touret, aujourd'hui il est remplacé par la mécanique ; tout se fait à la vapeur. Aussi nos dames ont bien le loisir de se broder de belles toilettes, de tresser leurs cheveux et de bâtir tous les jours l'édifice de leurs coiffures et d'aller se rendre d'agréables visites. De nos jours, l'aiguille de la couturière, la faucille de la moissonneuse, la faulx du journalier, sont remplacées par des machines plus expéditives, mais aujourd'hui, comme dans le passé et à l'avenir, le bonheur et le bénéfice seront toujours pour le plus intelligent et le plus laborieux.

De la culture des céréales, des plantes fourragères et potagères, de la vigne.

Pour avoir de bons blés, il faut sombrer ses terres en avril et en mai, les recasser en juin et en juillet, et les retroncher (3ᵉ labour) en août jusqu'au 10 septembre. Les labours d'août font mourir les chardons, laissons, lapes ou pas-d'âne ; les labours de juin et juillet détruisent le chiendent et le pourpier, si l'on a chance que le soleil donne deux ou trois jours après le labour, avant la pluie. S'il arrivait qu'il pleuve le lendemain, il faudrait recommencer quand on verrait le temps bien disposé au beau. C'est plus tôt fait et plus aisé de donner trois labours à ses terres avant les semailles, en le faisant dans la saison et par un temps convenable, que de n'en donner qu'un ou deux quand on le fait trop tard, que la terre est durcie et desséchée ; alors on l'arrache, elle ne se rafraîchit plus pour la semaille, le blé y lève jaune et pointu, il n'a point de force. Si l'on a donné ses trois labours à temps, la terre est toujours fraîche dedans, ne gerce jamais ; le blé y lève large, vert et vigoureux. Si le temps est convenable, c'est-à-dire si la terre est trempée et rafraîchie, il faut commencer la semaille au 20 septembre pour les terres emblavées en prairies artificielles. Si l'on a beaucoup d'ouvrage à faire, on peut commencer le 15 et ne semer que le 20 ou le 22, quand il aura tombé une pluie, et l'hersage se fait mieux. Pour les terres cultivées, on peut aussi commencer le 20 ou le 22, en choisissant les terres fraîches pour les premières. S'il fait chaud et sec, ou que la terre ne soit qu'à demi trempée, il faut attendre au 25, car si l'on semait avant dans ces conditions, et que la sécheresse reprenne, le blé manquant de fraîcheur lèverait jaune, long, et languirait. Si la terre était tout-à-fait sèche, comme de la poussière, on pourrait semer dès le 22 ; le blé resterait comme sur le grenier, sans essayer de germer, et il lèverait tout ensemble, après la pluie. En général, il faut commencer la semaille du 20 au 25 septembre et finir du 10 au 15 octobre, selon que le temps le permet. On peut semer jusqu'au 20 et 25 dans de bonnes terres, bien cultivées et bien fumées, mais pour les terres maigres et froides, passé le 10, ça ne vaut plus rien. Pour celui qui peut le faire, le meilleur moment, c'est la dernière semaine de septembre et la première d'octobre. Quand on craint le brun ou mousseron (pourriture), il faut imbiber le blé d'eau de vitriol, c'est le plus facile et ça ne fait point de poussière. Cinq litres d'eau et un hectogramme de vitriol suffisent pour un hectolitre de semence. On verse le liquide sur le blé ; on remue avec une pelle jusqu'à ce que tous les grains soient mouillés.

Je semais mes terres moitié en blé rouge venant de l'est, Pont-à-Mousson, Bonnet, Oudelaincourt, ou de la basse Blaise ; je le mettais dans les terres fortes et humides ; c'est le plus robuste. Je semais un quart de petit blé blanc venant de Bricon, Villiers-sur-Suize ; je le mettais dans les meilleures terres ; il n'est pas si sujet à verser et il graine le plus. L'autre quart, c'était du gros blé blanc venant de Pel-et-Der, Morvilliers, Unienville, Rosnay ; je le mettais dans les terres légères et chaudes ; il vient gros et grand. je me trouvais bien de cette méthode.

Avec quatre labours dans des temps convenables, du fumier modérément, de la semence saine, on a du blé et du blé quel temps qu'il fasse. J'entends par semence saine du blé récolté bien mur, bien propre et sec autant que possible. Deux hectolitres à l'hectare suffisent ; on peut mettre un peu plus, un peu moins, selon la force des terrains.

Quand un champ est trop infesté de mauvaises herbes, il faut, pour avoir une bonne avoine, lui donner un labour entre la moisson et la semaille des blés. On ne peut pas le faire trop tôt après la récolte du blé. On peut commencer la semaille des avoines du 20 au 25 février, si le temps le permet, en commençant par les pierrailles, si le temps est humide, et si il est sec, par les terres fortes ; il survient habituellement de petites gelées qui en facilitent l'hersage. Au premier mars, il faut herser au fur et à mesure qu'on laboure, semer moitié dedans dans les terres légères et tout dessus dans les terres fortes. Il faut mettre deux hectolitres et demi de semence par hectare. Les avoines blanches, jaunes et grises, conviennent le mieux ; la paille est meilleure pour les bestiaux. L'avoine noire graine plus à la gerbe, mais elle en fournit moins ; il ne faut en semer que peu.

Pour avoir une belle orge, il faut donner un labour avant l'hiver, recasser à la fin de mars par un beau temps, fumer si l'on peut, semer vers le 25 avril, autant que possible par le beau temps, herser et rouler de suite. Deux hectolitres de semence à l'hectare, plutôt moins que plus.

Le seigle vient très bien dans les terres légères ; trois labours suffisent ; semer du 15 août au 10 septembre, selon les pluies ; ne pas oublier de fumer, de préférence pour la semaille ; un hectolitre et demi de semence suffit par hectare.

Il faut mener le fumier en toute saison quand le temps le permet, et l'épancher de suite. On peut le déposer dans un endroit un peu creux, pour que le purin y reste. Les bestiaux marcheraient dessus, ce serait encore mieux, il ne s'échaufferait pas tant et il fournirait plus.

Plantes fourragères.

La luzerne est la plante par excellence pour la nourriture des bestiaux ; elle vient dans toutes les terres, pourvu qu'elles ne soient pas humides à la pourrir, ou d'une roche trop serrée pour en arrêter les racines. Quand elle se trouve dans une terre qui lui convient, elle donne deux ou trois coupes par an, qui fournissent ensemble 6 à 8 mille kilogrammes à l'hectare ; elle y dure 12 à 15 ans ; on la sème du 15 avril au 1er septembre, avec de l'avoine, de l'orge, de la navette, cameline, blé, seigle, selon la saison. Douze à quinze kilog. de semence suffisent à l'hectare.

Le trèfle fournit aussi beaucoup de fourrage ; il donne deux ou trois coupes, quand le temps le permet, et qu'il se trouve dans un sol gras et profond ; il ne dure qu'un an ; on

le sème du 1er avril au 1er juin dans l'avoine, l'orge, le blé.
Douze à quinze kilog. de graine suffisent à l'hectare.

Le sainfoin vient dans toutes les terres, même les plus légères ; il ne donne qu'une coupe ; il y a cependant une espèce qui fleurit deux fois, mais elle est moins robuste et elle demande un meilleur sol ; sa fleur est très bonne pour les abeilles et son fourrage excellent pour les bestiaux ; il fournit, selon la qualité des terres, de quatre à six mille kilog à l'hectare. On le sème du 1er avril au 1er septembre, avec avoine, orge, seigle, cameline, navette, etc. Il dure 4 à 6 ans, quand il n'est pas rongé par les moutons. Deux hectolitres de graine suffisent à l'hectare.

La minette demande une terre chaude et légère ; on la sème dans l'avoine, l'orge, etc. Elle convient mieux pour le pâturage que pour le fourrage ; elle ne dure qu'un an. Un hectolitre de graine suffit à l'hectare.

Toutes ces plantes demandent un sol purgé de mauvaises herbes ; une légère couche de fumier tous les ans et un peu de plâtre en avril.

Parmi les plantes potagères, la pomme de terre tient le premier rang ; pauvres et riches, hommes et animaux en mangent tous les jours. Elle se plaît de préférence dans les terrains secs et pierreux ; elle y est moins sujette à pourrir que dans les terres grasses et humides. On la plante en avril, on la bêche aussitôt qu'elle lève et on la butte quand elle a à peu près atteint sa hauteur ; on l'arrache quand les fanes jaunissent et qu'elle ne se pèle plus en la maniant. Il y en a de diverses espèces, hâtives et tardives ; on les choisit selon les terrains qui leur conviennent et l'usage que l'on en veut faire. Il faut la placer, pendant l'hiver, de manière à n'être pas atteinte par la gelée ; elle y est très délicate, même en automne ; il ne faut pas la laisser exposée sur la terre pendant les nuits fraîches ; s'il gelait un peu le matin, elle serait perdue ; il ne faut pas non plus la laisser à l'air ni au grand jour lorsqu'elle est rentrée, parce qu'elle verdirait et deviendrait amère. La pomme de terre fournit jusqu'à 250 hectolitres à l'hectare, quand elle réussit bien ; il en faut 20 à 25 pour la planter.

La betterave vient après la pomme de terre ; elle sert aussi pour la nourriture de l'homme et des animaux ; il lui faut un sol riche et profond, purgé de mauvaises herbes et bien fumé. On pique la graine sur la fin d'avril ; on met deux ou trois grains ensemble, distancés de 50 centimètres ; quand elle est levée et déjà un peu forte, on la dépaissit ; il est avantageux de la laisser à pied seul ; on lui donne deux ou trois labours ou bêchages ; on l'arrache quand on craint les gelées. On l'emploie, selon les espèces, pour potage, pour faire le sucre et pour la nourriture des bestiaux. Elle produit jusqu'à 12,000 kilog. à l'hectare. Trois à quatre kilog suffisent pour l'ensemencer. Il faut la tenir à l'abri de la gelée pendant l'hiver.

La carotte demande le même sol et la même culture que la betterave ; elle sert aussi à la nourriture de l'homme et des animaux, selon ses diverses espèces, qui sont fort variées. Elle est très nutritive et rafraîchissante. On la sème en mars et avril, soit à la volée ou par rayon ; quand elle est levée, on la sarcle et on lui donne deux ou trois cultures. On l'arrache quand viennent les gelées, contre lesquelles on la tient à l'abri pendant l'hiver.

Le chou se cultive dans les jardins et dans les champs ; les meilleures espèces sont le cabus, le Milan et le York, pour notre pays. Il y a le chou-fleur, qui demande bien des soins, et diverses espèces de choux d'hiver qui sont très robustes. Chacun en cultive selon son goût et l'usage qui lui convient. Les choux, en général, se plaisent dans les bonnes terres, bien cultivées et bien fumées. On les sème sur couche en mars et avril ; on les repique en mai et juin ; on les arrache quand viennent la gelée et la neige ; on les rentre ou on les enterre pendant l'hiver.

Les diverses espèces d'oignons se sèment en mars dans

les jardins ; il est bon de les mettre alternativement où étaient les choux. On replante aussi de petits oignons qui deviennent très gros ; ils réussissent plus souvent que la graine, qui quelquefois se perd quand elle lève par les temps froids et hâleux. On les rentre quand leurs feuilles ou queues sont sèches. Quand ils sont surpris par des gelées, il ne faut pas les remuer, ils pourriraient ; ils se remettent seuls quand le dégel est venu.

L'épinard se sème en rayons, à la saint Laurent, le 10 août. C'est un excellent légume. Il lui faut une bonne terre bien fumée. Il ne craint pas la gelée.

Les diverses espèces de salades se sèment en mars et en avril : la chicorée à la saint Jean (24 juin). Chacun les cultive selon son goût et l'usage qu'il en veut faire.

Les pois gras se sèment de bonne heure, même en février. Ils ne craignent pas la gelée. Il en est de bien des espèces ; chacun les choisit selon son goût. On les rame quand ils commencent à filer.

Le haricot se plante au 1er mai ; il craint la gelée. Diverses espèces se rament, d'autres n'en ont pas besoin.

Il y a bien d'autres légumes, mais qui sont peu en usage dans notre localité.

Pour avoir une bonne vigne, il faut choisir un terrain à l'aspect du midi, autant que possible à l'abri des vents froids, situé à mi-côte ; s'il était trop élevé, les raisins, battus par le vent et la pluie, ne mûriraient pas ; s'il était trop bas, ils seraient détruits par les gelées du printemps. Il faut planter la vigne par rangs, distancés d'un mètre ; si l'on a de bonne chevelée, un brin suffit par fosse ; si l'on plante du sarment, il faut mettre trois brins. Il faut choisir son plant dans une vigne saine et vigoureuse. On plante à la profondeur de 25 centimètres et l'on provigne à 35 et 40, selon les terrains. Après trois ou quatre ans, quand le sarment est assez fort, on provigne ; on ne laisse que deux ou trois brins sur chaque pied ; on n'en laisse quatre qu'exceptionnellement. Il faut tailler la vigne en mars ; quand on taille trop tôt, et qu'il vient des froids, le bois se gerce ; quand on taille trop tard, la sève coule ; il faut éviter ces deux cas. Il est bon de bêcher la vigne trois fois ; il faut la paisseler après la première bêche, abattre les pousses superflues, et l'accoler à temps voulu, pour qu'elle ne soit pas brisée par le vent. On vendange depuis le 1er septembre jusqu'au 1er novembre, selon le temps. Tant que la vigne est feuillée, que le raisin ne pourrit point par trop, et que l'on ne craint point la gelée, il ne faut pas se presser de vendanger, quand même il en sècherait un peu ; on y gagne sur celui qui achève de mûrir ; c'est les années de bon vin, il faut en profiter. Quand le raisin pourrit par trop, ou que l'on craint la gelée, il faut vendanger quel qu'il soit, mûr ou non. On choisit les meilleurs.

Il faut écraser les raisins dans le bélon au fur et à mesure qu'on les y apporte à la hottée. Déchargés dans la cuve, on les répand uniment. Quand la cuve commence à bouillir, que le marc remonte, il faut l'enfoncer en marchant dessus avec les pieds, et le répéter tous les jours pendant la fermentation, en les enfonçant seulement pour faire monter le vin à la hauteur de la cheville du pied. Quand le marc ne remonte plus, qu'il commence à s'enfoncer dans le vin, il faut tirer la cuvée et mettre le vin en fûts dans la cave, et mener les marcs de suite au pressoir ; si l'on attendait seulement une demi-journée, le marc s'échaufferait et le vin prendrait le goût d'aigre ; il ne serait plus propre à rien, les marcs également.

En enlevant les marcs de dessus le pressoir, on peut les mettre de suite dans l'alambic, si l'on a le loisir de le faire ; dans le cas contraire, on serre les marcs dans une cuve, en les tassant le plus possible ; on les couvre d'un peu de menue-paille ou de feuilles, puis on les recouvre d'une couche de boue grasse, pour les empêcher de prendre évent et de pourrir ; on resserre soigneusement la terre au fur et à mesure qu'elle gerce et se dessèche. Pour faire l'eau-de-vie, on met de l'eau dans l'alambic, suffisamment pour empêcher le marc de brûler après la chaudière, que l'on a remplie fortement si les marcs sont secs, et légèrement s'ils sont humides. Si l'on en mettait trop, le bouillon monterait, partirait dans le serpentin et l'engorgerait ; alors il faudrait le démonter pour faire sortir le marc par l'embouchure, en faisant pénétrer de l'eau par le petit bout, ce qui est assez pénible et cause toujours du retard ; il faut éviter cet inconvénient. Il faut tirer de la petite eau jusqu'à ce qu'elle ne prenne plus feu à la flamme en la versant sur la **tête de** l'alambic. Pour repasser la petite eau, il faut nettoyer la chaudière et la rendre propre, nettoyer aussi l'intérieur du têtard et rincer le serpentin, remplir le rafraîchissoir d'eau fraîche, la changer au fur et à mesure qu'elle s'échauffe, de manière à ce que l'eau-de-vie coule fraîche, mener le feu modérément et régler l'eau-de-vie à 22 degrés et qu'elle porte trois rangs de perles, et pendant plusieurs minutes, sur le vase où on l'a remuée. Alors on la met dans un fût et on la bouche soigneusement. Après un an de fût, on peut la mettre en bouteilles ; elle s'y conserve 20 à 30 ans et elle ne fait que s'y bonifier.

Quand un fût de vin est vidé, il faut le tourner sur sa bonde pour le faire égoutter pendant une demi-journée, puis on le bouche avec la bonde bien garnie, pour qu'il ne prenne pas l'évent ; s'il contenait de la lie, il faudrait y passer de l'eau pour le nettoyer, le laisser égoutter ensuite, puis y mettre un verre de bonne eau-de-vie, le bien bondonner et le mettre au sec ; il conservera un excellent goût.

Quand une vigne est usée, soit par ancienneté ou par négligence, qu'elle a duré longtemps dans le même endroit, que l'on est assuré que le terrain et la position lui conviennent, au lieu d'essayer de la remonter, il faut au contraire l'arracher, fumer le terrain, l'emblaver en orge avec du sainfoin ou de la luzerne ; l'artificiel prend toujours très bien dans une terre usée par la culture. On lui laisse trois ou quatre ans, pendant lesquels il donne de bonnes récoltes, en le fumant tous les ans, puis on le retourne et on le replante en vigne, qui dans ces conditions reprend bien et pousse très vite. Au bout de quatre ans, on a une jeune et belle vigne bien montée.

Le plant qui convient le mieux à Blaise est le gros gamet pour les bonnes terres ; il demande beaucoup de soins ; le petit gamet pour les terres moins fortes. Le françois noir et le françois blanc viennent dans toutes les terres ; il est un excellent plant pour la quantité, la qualité et la durée de la vigne et du vin. Le pineau blanc est aussi un bon plant ; il demande un bon terrain ; le pineau noir fait un excellent vin ; il vient partout ; il fournit selon le terrain et la culture. Le gouet noir est très robuste, il vient dans toutes les terres ; le gouet blanc, plus délicat, demande une bonne terre. Le dameron, comme le petit gamet, ne conviennent pas dans les trop fortes terres ; il y pousse trop de bois ; ils sont toujours très productifs ; leur vin est médiocre ; il faut qu'ils soient mêlés à d'autres plants. Le noirien, le fromenté et le muscadet font de très bon vin ; ils se plaisent dans toutes les terres. Le gamet gros et petit, le françois noir et le blanc, le pineau blanc, le gouet blanc, le dameron, se taillent à court bois ; le pineau noir, le gouet noir, le fromenté, le noirien, le muscadet, se taillent à grand bois ; on les met souvent en chapelets. Quand ils sont gelés d'hiver ou de printemps, il ne repousse plus de raisins, tandis que sur les plants qui se taillent à court bois, il en repousse si le temps le permet.

Garde nationale.

Tout après la révolution de 1830, le drapeau tricolore portant le coq gaulois fut arboré sur toutes les églises de France, sur les maisons communes, sur bien des usines et des maisons particulières. Quelques jours après, on institua la garde nationale, et bientôt, sur les places publiques, on vit, le dimanche, tous les hommes de 20 à 60 ans faire tête droite, tête gauche, au commandement de leurs chefs improvisés ; les dimanches suivants, on s'exerça aux marches et aux manœuvres de peloton Chaque canton formait un ou deux bataillons. Le gouvernement fournit les fusils et les sabres ; la plupart des communes donnèrent les boutons, les épaulettes et le drap rouge pour faire les uniformes, et les gardes nationaux se confectionnèrent des habillements ; les plus simples couturières s'ingénièrent à ce travail national et patriotique. Tous les dimanches, la compagnie se réunissait et allait, avec tambour et drapeau, faire deux à trois heures d'exercice. On se rendait trois ou quatre fois par an au canton pour les manœuvres de bataillon ; on exécutait les marches et les feux comme de vieux soldats. Tout le monde était décidé à se battre et à mourir, s'il eût fallu, plutôt que de voir l'étranger venir de nouveau fouler le sol de la France, piller, insulter, brûler, comme il avait fait quinze ans auparavant. C'est en 1831 que l'on vit tout le zèle de la garde nationale, lorsque le roi Louis-Philippe, visitant les départements de l'Est, passait en revue les troupes de toutes armes. On invita les gardes nationales des arrondissements de Chaumont et de Vassy à se trouver à Chaumont le 29 juin, pour y passer la revue du roi. Aucune ne manqua de s'y rendre. Toutes les compagnies avaient leurs voitures de vivres et d'équipement. Les communes de l'arrondissement de Vassy qui étaient les plus éloignées, s'étaient mises en marche le 27 pour arriver le 29. La compagnie de Blaise partit le 28, à dix heures du soir, passant par Vignory ; elle arriva à Chaumont le lendemain, à huit heures du matin ; elle s'arrêta à Buxereuilles pour se réunir et se restaurer, puis à dix heures elle monta en ville par une pluie battante ; alors on lui assigna un logement pour se reposer et pour y passer la nuit après la revue ; c'était une remise au bout de la rue de Choignes, près des remparts, qui n'avait d'autre confortable que des fagots et des quartiers de bois de chauffage. On y étendit quelques bottes de paille pour s'y reposer plus à l'aise ; à cinq heures du soir, le bataillon de Vignory était formé en bataille sur deux rangs, occupant la rive droite de la route à la sortie de Chaumont ; la ligne des autres bataillons qui étaient à sa droite s'étendait jusqu'à Luzy. L'artillerie était placée derrière notre compagnie, dans une petite combe, la garde à cheval faisait tête de colonne près Luzy. L'ensemble des gardes nationaux s'élevait à trente-cinq mille hommes. Le roi arriva à huit heures, et quand son cortège eut dépassé le premier bataillon, la colonne se rompit par section (ce qui faisait la largeur de la route) ; chaque bataillon avait ses sapeurs et sa musique en tête et le drapeau au centre. La tête de colonne rentra la première en ville, et ceux qui étaient près de Chaumont n'y entrèrent qu'à onze heures du soir. L'artillerie tira 101 coups de canon. La ville entière était illuminée et pavoisée de drapeaux. Je n'ai jamais rien vu de si beau. On pouvait très distinctement, en marchant, voir une pièce de cinquante centimes sur le pavé. Au milieu de la place de l'Hôtel-de-Ville, on se trouvait ébloui en y arrivant. Pour nous, paysans, nous étions transportés d'allégresse d'avoir vu notre roi, son état-major et une fête si brillante, nous ne rentrâmes à notre logement qu'à deux heures du matin, et dès les cinq heures la plupart des hommes étaient sur pied, se rendant dans les auberges, où l'on déjeunait à fort bon marché, car les restaurants avaient fait beaucoup d'apprêts, vu le monde qui devait venir, et pour la même raison les compagnies avaient amené leurs vivres, crainte de n'en point trouver, de sorte que les débitants donnaient leurs vivres moitié pour rien, crainte de les perdre, par le temps de chaleurs. A neuf heures, tous les gardes nationaux se trouvèrent réunis, formant la haie sur deux rangs de chaque côté de la route, à la sortie nord de la ville. A dix heures, tous les officiers furent appelés à l'ordre dans la cour de la préfecture, où le roi, les princes, l'état-major, s'entretinrent familièrement avec eux ; ils revinrent ensuite prendre le commandement de leurs troupes. Le docteur Richoux, notre capitaine, nous dit : « Mes enfants, tenez-vous bien ; le bon roi que nous avons mérite tout notre respect et notre attention. » Peu après, on vit les aides-de-camp venir faire disposer les hommes, puis le roi apparut ; il était à cheval, portant l'uniforme d'officier géné-ral ; il avait à sa droite le duc d'Orléans, en tenue d'artilleur de la garde nationale ; c'était un beau brun à la moustache naissante ; et, à sa gauche, le duc de Nemours, portant le costume de lancier polonais ; son schapka carré allait à merveille sur ses joues roses et sa tête blonde ; on aurait dit plutôt un ange qu'un soldat. Le maréchal Soult, ministre de la guerre, portant un uniforme déjà vieux, ce qui était une marque de son ancienneté dans le service, venait der-rière le roi ; les illustrations de l'armée venaient ensuite, le cortège marchait au pas. Les vivats ne cessaient de se faire entendre ; c'était comme un bruit de tonnerre ; toutes les bouches s'ouvraient à la fois. Le roi, pâle d'émotion, saluait sans cesse, ôtant et remettant son chapeau. Vingt-cinq pièces d'artillerie appartenant à la garde nationale tirèrent comme la veille 101 coups de canon. On les entendait à Blaise comme si elles eussent été au milieu de la forêt de l'Étoile. La revue finie, le roi et sa suite montèrent dans des voi-tures qui les attendaient à Buxereuilles. La belle compagnie de garde nationale à cheval, M. Carette, son capitaine, en tête, fit escorte jusqu'à Juzennecourt ; nous les rencontrâmes en chemin qui revenaient ; les chevaux étaient tout couverts d'écume ; la plupart des hommes avaient ôté leurs cols, déboutonné leurs habits, pour pouvoir respirer, sous le soleil ardent, après une course si rapide.

Notre compagnie fit halte à Juzennecourt, pour se rafraî-chir, et passant par Lachapelle, nous arrivâmes à Blaise en chantant, le fusil sur l'épaule, à huit heures du soir.

Les exercices et les revues de la garde nationale eurent lieu deux ou trois ans encore, puis la France n'ayant plus rien à redouter, la garde nationale tomba en désuétude.

On s'occupa activement d'encourager l'agriculture et l'industrie, qui devinrent tellement florissantes, qu'en 1847, un journal de terre (32 ares) se vendait 2,000 fr., une journée de vigne (5 ares 40), 4 à 500 fr.

Alors que l'on croyait n'avoir plus rien à désirer pour vivre longtemps heureux et tranquilles, le 24 février 1848, le peuple de Paris, pour les raisons les plus futiles, pour une simple réforme électorale, renversa le gouvernement et obligea le roi à prendre le chemin de l'exil. Le parti progressiste avait demandé que le droit de vote politique fût octroyé aux professions libérales. Le gouvernement hésitait, il craignait de sortir de la ligne conservatrice qu'il s'était tracée. Il eut fallu, pour concilier les partis, baisser le cens électoral qui était à deux cents francs, mais les esprits étaient montés par des banquets publics, on ne put pas s'entendre et la révolution éclata.

Tout le monde y perdit, car à ce moment les dépenses du budget ne montaient qu'à 1,400 millions, aujourd'hui elles s'élèvent à trois milliards et demi. Les vainqueurs ne trouvèrent rien de mieux à faire que de proclamer la république. Quand ces nouvelles arrivèrent dans nos campagnes, on éprouva un frisson d'inquiétude et l'on se dit : Où va-t-on nous mener? Quand serons-nous aussi tranquilles que nous l'étions. Le nouveau gouvernement ayant rempli les caisses de l'Etat en décrétant les 45 centimes, fit aussitôt appel à la garde nationale, que l'on crut nécessaire pour maintenir l'ordre à l'intérieur et rassurer les gens paisibles. Ce ne fut pas en vain, car les terribles journées de juin à Paris en ont donné la preuve. Le contre-coup s'en est ressenti en province. Lorsque le général Cavaignac, chef du pouvoir exécutif, eut dit dans une proclamation, qui fut affichée dans toutes les communes de France : Les insurgés sont refoulés de toutes parts ; ils fuient, se répandant dans les campagnes. Partout on crut les voir venir, pillant et brûlant sur leur passage. Ce fut une panique générale. Des personnes affolées sont venues à Blaise à midi, en disant : Les insurgés sont à Gudmont, à Rouvroy ; ils mettent à feu et à sang ; on en a déjà vu à Rouécourt et à Leschères. Tout aussitôt on sonna les cloches, on battit la générale, les habitants qui travaillaient aux vignes, qui fauchaient dans les prés, sont accourus au village en toute hâte ; on laissa les voitures chargées et non chargées dans les prés, on ramena seulement les chevaux. Les gardes nationaux s'empressèrent d'endosser leurs habits et de venir avec leurs fusils sur la place. En arrivant des champs, où j'avais laissé mon dîner que l'on venait de m'apporter, j'ai bu une bouteille de vin vieux sans m'asseoir, j'ai pris aussitôt mon fusill de chasse, mon sabre de lieutenant, deux pistolets que j'accrochai à ma ceinture et je me rendis à la tête de la compagnie, en attendant le capitaine. Nous fîmes charger les fusils avec des têtes de clous à cheval, faute de balles, et nous envoyâmes de suite deux hommes des plus hardis chercher des munitions à Vignory. Toutes les personnes valides de 18 à 70 ans se mirent dans les rangs de la garde nationale. Quand il n'y eut plus de fusils, on prit des fourches de fer bien aiguisées. 12 à 15 femmes des plus fortes se joignirent à nous, aussi armées de fourches. On s'exerça un instant au maniement des armes, puis il fut convenu, à l'unanimité, que si les insurgés venaient à paraître, on ferait feu sur ceux de nous qui quitteraient les rangs sans commandement. Aussitôt on établit un poste au centre du village, on mit des factionnaires au bout des rues, et l'on plaça des sentinelles avancées à trois ou quatre cents mètres du village, crainte d'être surpris pendant la nuit. Le poste demeura en permanence pendant trois jours, jusqu'à ce qu'on fût bien assuré qu'il n'existait pas de véritable danger.

Ensuite le service de la garde nationale se borna à des exercices le dimanche et à quelques revues. M. Boni, ancien capitaine retraité à Vignory, fut nommé chef de bataillon. A la première revue qu'il passa, il régala tous les hommes réunis sur une montagne près de Vignory. Notre capitaine, retenu au canton pour des affaires urgentes, me confia la direction de la compagnie pour revenir à Blaise. A notre arrivée, je fis déposer les armes et former les faisceaux devant la maison d'école, et nous primes possession de ses tables. La subdivision de Champcourt était avec nous. Il s'agissait de consommer un quartier de fromage de Gruyère qui avait été distribué à notre compagnie à son dîner et que nous avions préféré rapporter à Blaise. Pour cela faire, il fallait du pain et du vin ; j'ai pensé de suite que je devais imiter en petit ce que le commandant avait fait en grand. Je pris quatre hommes que j'amenai chez moi ; deux chargèrent une jarle de vin et les deux autres apportèrent du pain, et nous rejoignîmes la compagnie.

On fit de suite le petit repas, que l'on égaya par des mots plaisants, puis l'on se sépara, satisfaits de cette journée passée fraternellement.

Le capitaine ne voulut pas rester en retard de générosité envers la compagnie et envers ses concitoyens. Il invita les sapeurs-pompiers, les gardes nationaux de Blaise et de Champcourt, Messieurs les maires, adjoints et instituteurs de ces deux communes, à se trouver à Bracancourt un dimanche pour y prendre ce qu'il appelait un petit goûter. La compagnie, magistrats, instituteurs et tambours en tête, se rendit à cette invitation. Le temps était superbe, des tables étaient dressées en plein air, sur la plate-forme devant la façade de la maison, faisant face au village ; la rivière et la prairie se déroulaient au bas de cet établissement, le coup-d'œil était magnifique. Le capitaine vint au-devant de ses hommes ; il les fit passer par ordre, suivant les dispositions qui étaient prises. Alors Mme Baudot, avec sa gracieuseté ordinaire, aidée de deux femmes, commença le service. Aussitôt, d'énormes morceaux de viandes rôties et des plats de riz couleur d'or couvrirent les tables et le repas commença. Le premier quart d'heure fut assez silencieux ; chacun soignait son appétit ; mais les bouteilles ayant été remplies et vidées une fois ou deux, les gais propos se firent entendre, la conversation s'anima. Les services se succédaient, hôtes et convives paraissaient satisfaits. Enfin le soleil baissait sur l'horizon, les vins de dessert ayant fait leur tournée, MM. les instituteurs, après s'être concertés avec MM. les maires, vinrent me charger, comme lieutenant de la compagnie, de remercier M. Baudot de la généreuse et agréable réception qu'il venait de nous faire. J'hésitai un instant, trouvant que l'on me faisait trop d'honneur, mais voyant que l'on m'en faisait un devoir, j'acceptai. Alors, au nom de la compagnie, je remerciai M. le capitaine et son aimable épouse de leur cordiale et copieuse réfection, et je leur donnai l'assurance que nous en garderions à jamais le souvenir. Le petit compliment fut suivi de douze bouteilles de vieux vin de Tavel, que l'on apporta de nouveau ; lorsqu'il fut bu, il acheva la gaieté et l'enthousiasme des cerveaux déjà bien disposés par le vin du crû de Bracancourt. Plusieurs de nos hommes s'éparpillent dans le clos ; on est obligé de donner un coup de caisse pour les réunir et pour prendre congé ; ensuite on se mit en rangs pour partir ; bien des hommes marchaient une autre marche que celle battue par le tambour. Arrivés à Blaise, sur la place des Halles, la compagnie rompit les rangs et se sépara.

Quelque temps après, M. Emile Olivier, préfet de la Haute-Marne, passa en revue la garde nationale à Vignory. Il fit une longue harangue, louant les bienfaits de la république et du suffrage universel ; puis les exercices et les revues cessèrent.

Il y eut concurrence entre le général Cavaignac et Louis Bonaparte pour la présidence de la république. La préférence fut donnée au neveu de l'empereur, à cause du nom qu'il portait. Son mandat de quatre ans expiré, il ne rentra pas dans la vie privée, quoique la Constitution l'ordonnât ; il y eut des troubles et du sang de versé, et, par un coup d'Etat, Bonaparte obtint une nouvelle présidence de dix ans.

Peu de temps après, il fut nommé empereur, après avoir promis à la nation, qui avait des appréhensions que l'empire ne devînt une cause de guerres, que l'empire serait la paix. Ces promesses ne furent pas tenues bien longtemps, car plusieurs guerres eurent lieu successivement, et qui n'eurent guère d'autres résultats pour la France que de lui coûter des hommes et de l'argent, et de lui aliéner l'Europe.

Ce fut la Prusse qui en profita, en accaparant l'Italie que nous avions faite. Elle s'en servit pour achever la défaite de l'Autriche que nous avions commencée. La France aurait dû intervenir. Au contraire, M. de Bismark fit croire à Napoléon qu'il fallait supprimer les petits Etats ; probablement qu'il nous avait promis les petits pays en-deçà du Rhin ; mais quand il eût bien tenu l'Allemagne, il nous dit : J'ai fait proposer aux petits Etats du Rhin de se joindre à la France ; aucun ne veut se séparer de sa monarchie ; je ne peux pas donner des gens malgré eux. Prenez la Belgique, prenez la Hollande, je ne m'y opposerai pas.

Quand la France eut vu qu'elle avait été trompée par la Prusse, elle résolut de prendre sa revanche. Pour cela, il fallait une armée nombreuse ; elle institua la garde mobile ; mais quand il fallut l'organiser, les Chambres, après avoir entendu les orateurs de l'opposition, refusèrent les fonds nécessaires, et l'armée resta faible.

Quelque temps après, un prince prussien ayant été porté candidat au trône d'Espagne, la France n'y tint plus ; elle déclara la guerre à la Prusse, après que le maréchal Lebeuf eut dit que l'armée était prête. Il ne pouvait guère dire autrement, vu les fonds qui avaient été destinés à son organisation. En réalité, notre armée n'était nombreuse que sur le papier. Lorsque nos soldats furent arrivés à la frontière et qu'ils eurent connaissance de la masse d'hommes qui s'avançait contre eux, ils se tinrent sur la défensive. Ils reçurent l'ennemi avec une vive énergie ; mais, écrasés par le nombre et les armes perfectionnées, il fallut céder, et l'Empire tomba à Sedan, non par le manque de courage des soldats, ni par l'inhabileté des chefs, mais par son imprévoyance. On aurait dû faire la paix aussitôt, on l'aurait eue à des conditions relativement peu déshonorantes. M. Thiers a prétendu qu'on aurait pu traiter pour deux milliards, sans cession de territoire ; mais le parti républicain, profitant de l'occasion pour s'emparer du pouvoir, voulut continuer la guerre. C'était beau à penser, c'était beau à dire, mais ce n'était pas possible, en présence d'un ennemi victorieux, avec une France divisée, et surtout que nos meilleures troupes étaient prisonnières. Bazaine, qui tenait le reste des forces impériales enfermées à Metz, a agi envers les républicains comme la Chambre, après avoir entendu les orateurs de l'opposition, a agi envers l'Empire, en lui refusant les fonds pour organiser la garde mobile, c'est-à-dire que les deux partis ont mis leur ambition, leur intérêt, au premier rang, et, par cette conduite anti-patriotique, la France fut complètement envahie et a subi tous les malheurs.

Cela prouve que la France peut se tromper, qu'elle peut succomber, mais qu'elle ne peut pas périr. Puisse enfin le passé servir de leçon aux partis. Grâce à la Providence et à la sagesse de l'Assemblée nationale de Bordeaux, et à la grande expérience de M. Thiers, la France s'est relevée. Aujourd'hui, elle commence de posséder une armée, qui bientôt, espérons-le, sera en état de la mettre à l'abri de tout péril.

Maintenant, ce n'est plus avec le fusil du garde national qu'on est appelé à maintenir l'ordre et à défendre la patrie, mais avec le bulletin de vote. Il faut nous rendre tous au scrutin, avec le même empressement que nous nous rendions au rappel du tambour. Il faut voter pour des hommes que nous connaissons et qui guidés par l'intérêt de leurs électeurs, jamais par l'ambition, pour des propriétaires, pour des industriels, pour des hommes dont les intérêts sont liés à ceux des travailleurs, dont ils ont besoin, qu'ils occupent et qu'ils paient, qui pour la plupart rempliraient leur mandat avec science et justice, sans en demander de paiement. Il faut se méfier de ceux qui ne demandent les emplois publics que pour en toucher le revenu ; ils n'ont que de belles paroles à dire. Il faut voter enfin pour des hommes qui mettent dans leurs programmes ces maximes aussi vieilles que le monde et qui dureront autant que lui : Religion, famille, propriété. Religion qui nous dit de nous aider, de nous aimer ; famille qui élève notre jeunesse et soutient notre vieillesse ; propriété et industrie qui, en les exploitant, nous donnent la nourriture, le vêtement, le logement.

Oui, unissons-nous, serrons-nous autour du drapeau de la patrie, et nous serons invincibles.

TABLE DES MATIÈRES

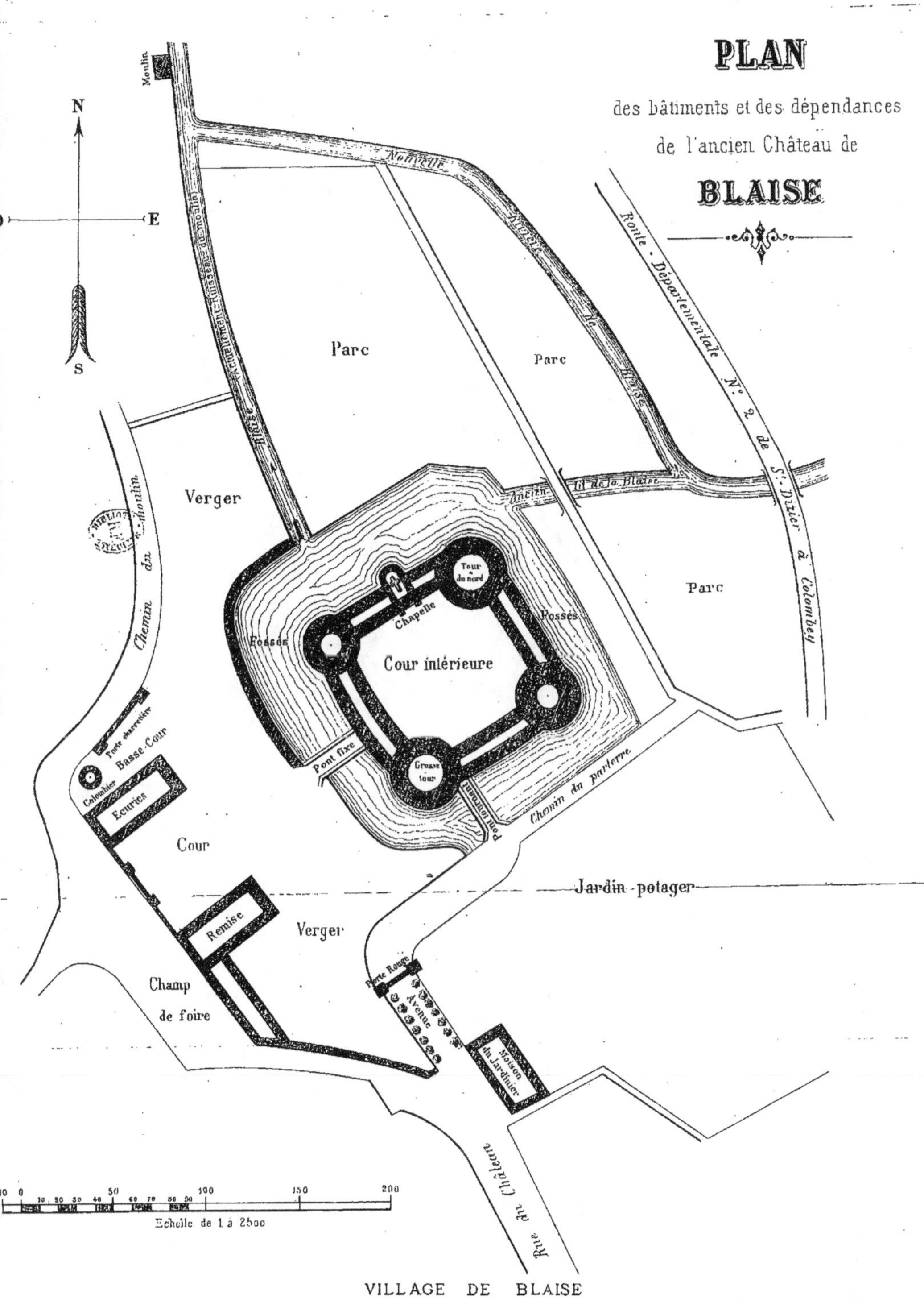

PLAN
des bâtiments et des dépendances
de l'ancien Château de
BLAISE
N
E
S
Moulin
Nouvelle
Route
Parc
Parc
Parc
Route Départementale N.º 2 de St. Dizier à Colombey
Chemin du moulin
Verger
Ancien lit de la Blaise
Tour du nord
Chapelle
Fossés
Fossés
Cour intérieure
Pont charretier
Basse-Cour
Colombier
Ecuries
Pont fixe
Grosse tour
Pont roulant
Chemin du parterre
Cour
Jardin-potager
Remise
Verger
Porte Rouge
Avenue
Champ de foire
Maison du Jardinier
Rue du Château
10 0   10 20 30 40   50   60 70 80 90   100   150   200
Echelle de 1 à 2500
VILLAGE DE BLAISE

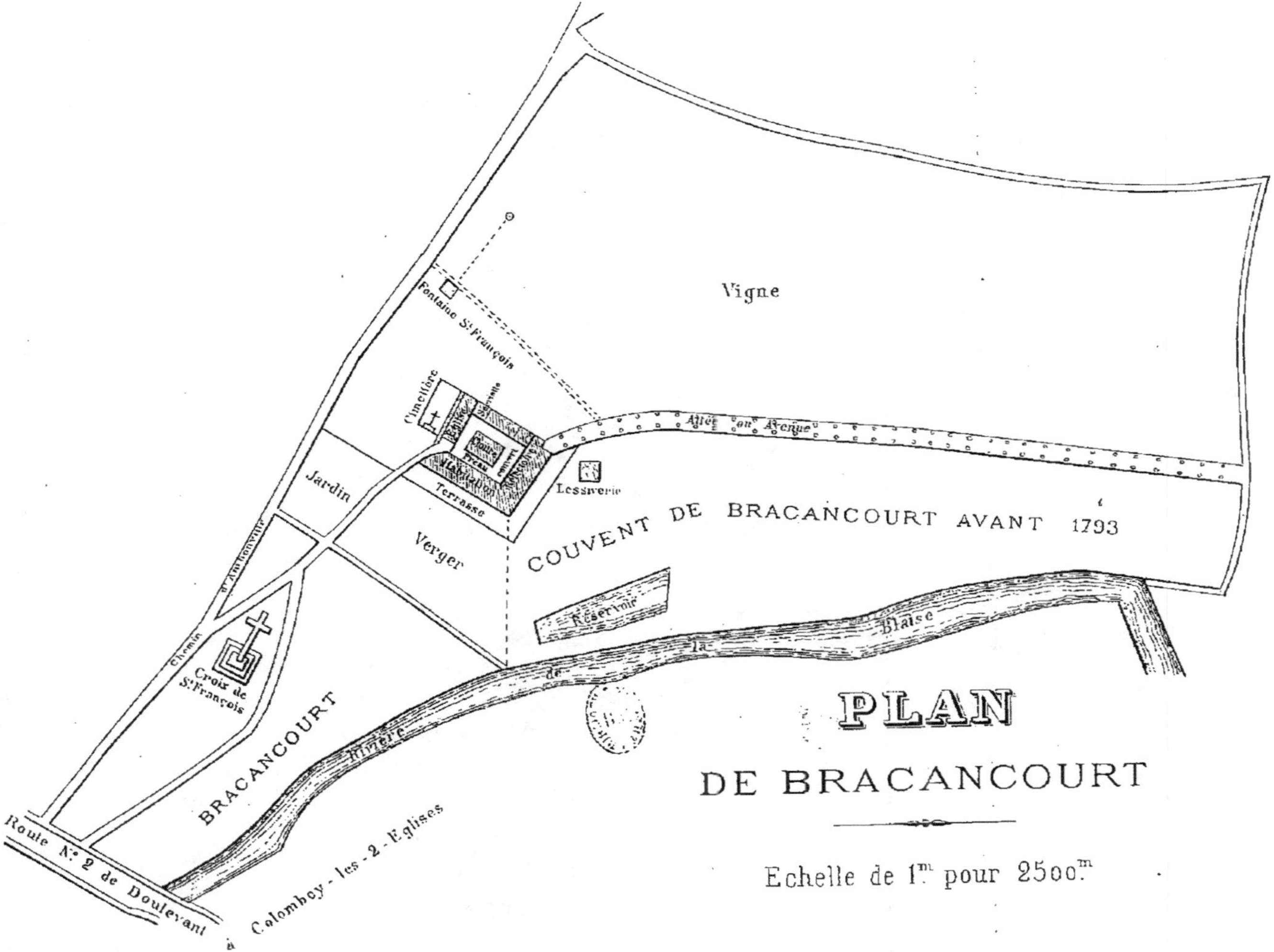

PLAN
DE BRACANCOURT
Echelle de 1m pour 2500m.
COUVENT DE BRACANCOURT AVANT 1793
Vigne
Route N° 2 de Doulevant
à Colombey - les - 2 - Eglises
BRACANCOURT
Croix de St François
Chemin d'Ambonville
Jardin
Verger
Terrasse
Habitation
Eglise
Cimetière
Fontaine St François
Lessiverie
Allée ou Perque
Blaise
Rivière
Réservoir

www.ingramcontent.com/pod-product-compliance
Lightning Source LLC
Chambersburg PA
CBHW061409060726
47597CB00003B/1015